열정
의
비전
메이커
Vision
Maker

국제제자훈련원은 건강한 교회를 꿈꾸는 목회의 동반자로서 제자 삼는 사역을 중심으로
성경적 목회 모델을 제시함으로 세계 교회를 섬기는 전문 사역 기관입니다.

열정
의
비전
메이커

1쇄 발행 1997년 6월 5일
26쇄 발행 2019년 4월 6일

지은이 오정현

펴낸이 오정현
펴낸곳 국제제자훈련원
등록번호 제2013-000170호(2013년 9월 25일)
주소 서울시 서초구 효령로68길 98 (서초동)
전화 02)3489-4300   **팩스** 02)3489-4329
이메일 dmipress@sarang.org

ISBN 978-89-5731-752-5 (03230)

※ 책값은 뒤표지에 있습니다. 잘못된 책은 구입하신 곳에서 교환해드립니다.

열정의

의

Vision
Maker

오정현 지음

비전

메이커

국제제자훈련원

모든 것이 하나의 목적을 위해 허락된
하나님의 섭리적인 간섭이었다.
우리는 그의 이야기 속에서
섭리하시는 하나님을 새삼 만나게 된다.

하나님이
사용하시는 그릇은

남가주 사랑의교회를 개척하고 영감 있는 목회를 통해 놀랄 만한 교회 성장을 이룬 오정현 목사님이 조심스럽게 반半자서전적인 책을 내어놓은 것을 기쁘게 생각한다. 아마도 그는 자기 자신에 관한 무엇을 이야기한다는 것이 조금 이를지 모른다는 두려움 때문에 이 책의 출간을 퍽 망설였을 것이다. 그러나 보잘것없는 다섯 개의 떡과 두 마리의 물고기를 예수님께 내어놓았던 한 소년의 심정으로, 비록 평범한 것이라도 주님의 손을 통해 서로 나누면 놀라운 기적이 일어날 수 있다는 소박한 믿음을 가지고, 그는 한 장 한 장 공들여 써 내려가고 있다.

아마 이 책을 손에 들면 그 누구라도 쉽게 놓지 못할 것이다. 그의 고백은 그야말로 '진국'이다. 성령의 사람은 항상 나누고 싶은 이야기를 가지고 있다. 그 이야기는 날마다 쌓이고 쌓여서 결국은 마음에 가득해진다. 저자는 분명히 자기 속에 가득한 것을 말하고 있다. 그래서 그런지 책장을 넘길 때마다 그의 생각과 느낌에 흠뻑 젖어드는 것을 숨길 수 없다.

어떤 인물이 하나님의 손에 붙들려 쓰임 받기까지는 나름대로 독특한 과정을 통과하지 않으면 안 된다. 저자는 전형적인 한국 목회자의 가정에서 양육받았고, 교회 울타리를 한 번도 넘어간 일이 없는 신앙생활의 정正 코스를 밟은 사람이다. 그러므로 극적이거나 파격적인 이야기를 기대하기는 어려울지도 모른다. 그러나 그에게서 우리는 새삼스럽게 놀라운 진리를 하나 발견한다. 하나님은 자신이 사용하실 그릇을 놀라울 정도로 치밀하게 다듬으신다는 사실이다.

저자가 몸담았던 환경과 그 가운데서 경험했던 여러 가지 일들은 무엇 하나 자연히 생긴 것도 없었고 우연히 찾아온 것도 없었다. 모든 것이 하나의 목적을 위해 허락된 하나님의 섭리적인 간섭이었다. 우리는 그의 이야기 속에서 섭리하시는 하나님을 새삼 만나게 된다.

저자는 제자훈련 목회철학을 가지고 이민교회 제일선에서 치열하게 사역하는 목회자다. 남가주 사랑의교회라는 영감 넘치는 현장에서 그는 오늘도 제자훈련의 생명과 당위성이 어디에 있는가를 큰소리로 외치고 있다.

제자훈련에 관해서 긍정적인 시각으로 보는 사람도 많지만 그렇지 않은 사람들도 있다. 잘 모르거나 실제로 해보지 않은 탓에 자기도 모르게 편견과 오해가 싹튼 것이다. 저자의 이야기는 이런 걸림돌들을 멀리 치워버릴 만큼 강한 설득력을 가지고 있다. 그러므로 그의 메시지는 여기저기서 땀과 눈물을 흘리며 사역하고 있는 많은 동역자들에게 진한 감동과 큰 도전을 줄 것이다.

저자는 아직 젊다. 그는 오늘의 지도자인 동시에 내일의 지도자라 할 수 있다. 그의 사역은 이제 건물의 골조를 세워놓은 공사 현장과 흡사하다. 그가 앞으로 완공할 건물이 어떠할지 정말 기대가 된다.

이동원 목사(지구촌교회)

내가 그를
좋아하는 이유

나는 오정현 목사를 만날 때마다 한국교회의 젊음을 만난다.

그리고 한국교회의 가능성을 호흡한다.

그의 가슴속에는 한국교회의 미래가 살고 있다.

지칠 줄 모르는 그의 열정 속에는 한국교회의 침체 선언을 거부하는 투혼이 살아 있다.

그래서 나는 그를 만나는 것이 좋다.

인생을 제대로 살아보지도 않고 포기해버린 이들이 있다.

미래를 제대로 꿈꿔보지도 않고 포기해버린, 휴지화된 비전도 있다.

비전을 제대로 펼쳐보지도 않고 늙어버린 교회도 있다.

오정현 목사의 가슴에는 이런 모든 쇠퇴의 징후들을 향해 나인Nein. 아니요을 선언하는 도전 의식이 살고 있다.

그래서 나는 그와 함께 있는 시간이 즐겁다.

그러나 그는 목표를 위해서 사람을 희생하는 과업 성취지향주의자가 아니다.

그의 목표는 사람 사랑이요, 사람 세움이기 때문이다.

그래서 그에게는 언제나 따뜻한 향기가 있다.

선배를 향한, 우아하면서도 과분할 정도의 겸손도 있다.

그리고 자신의 부족 때문에 고통스러워할 줄 아는 돌아봄의 여유가 있다.

그래서 나는 그에게 큰 기대를 갖는다.

대학생을 대상으로 한 제자훈련의 리더로서 그는 자신을 검증했고 미주 이민 목회라는 거센 비바람의 광야에서도 그는 자신을 굳건히 세웠다.

그는 이제 또 다른 단계의 미지의 도전 앞에서 자신의 창조성을 검증받고 싶은 마음으로, 또한 한국교회에 일조하고 싶은 간절함으로 열정의 비전 인생을 공개한 것이다.

선배들에게는 새로운 자극이, 동료들에게는 신선한 도전이, 후배들에게는 새로운 깃발이 될 것으로 믿는다.

이 책은 제 목회의 원형질을 담고 있습니다.

그러나 20여 년 전에 출간된 책이다 보니 지금의 기준으로 볼 때

가독성 면에서 미흡한 점이 있습니다.

그래서 꾸밈새를 다듬어 다시 펴내게 되었습니다.

이 책을 다시 펴내면서,

사랑의교회에 부임한 이후의 사역에 대해서도

정리할 마음이 있었습니다. 그러나 비록 거칠지만

살아 있는 역사성과 초기 사역의 생생함을 담보하겠다는

생각으로 원문을 그대로 살렸습니다.

언젠가는 사랑의교회에서의 목회까지 담아

지난 사역을 돌아보며 하나님께서 주신 지극한 은혜를

정리하는 시간이 주어지길 기도합니다.

내가 더 잘할 수 있는 것에
눈을 뜨게 하셨습니다

우리로 하여금 복의 근원이 되게 하시고 날마다 솟는 샘물(요 4:14)을 경험하게 하시는 주님께 감사를 드립니다.

이 글은 일주일 동안 북한을 방문했을 때, 평양에서 신의주로 가는 국제열차 안에서 쓴 것입니다. 중국으로 가기 직전 신의주역에서 매섭게 생긴 북한 세관원들이 짐을 조사하러 제가 있는 열차 칸으로 올라왔습니다.

제 여권을 받아 든 세관원들은 미심쩍은 눈으로 계속 저를 날카롭게 응시했습니다. '짐 속에는 성경도 들었고, 기독교에 관한 자료들이 있는데, 곤란한 일이 생기면 어쩌지?' 그런데 같이 동행하던 북한 안내원이 몇 마디 말을 건네자 그들은 짐 검사도 하지 않고 순순히 여권에 도장을 찍어주었습니다. 그때 저는 깨달았습니다. '아, 이것이 바로 하나님이 하시는 일이구나!'

일주일간의 북한 방문 기간 동안 매일 아침 30분씩 평양의 창광거리와 평양역을 오가며 조깅을 하면서 이 젊은 목사 선생(?)을 희한한 눈초리로 쳐다보는 안내원들에게 "사람은 영적 존재이기 때문에 영적으로 성공하지 않으면 그 인생은 아무것도 아닙니다"라고 간증할 수 있게 하신 분, 그들이 그렇게도 좋아하던 담배를 끊도록 하신 분은 전능한 하나님이셨습니다.

이 책은 하나님이 행하신 역사를 기록한 것입니다

어린 시절 달동네의 개척교회 목사 아들로 태어나서 내수동교회 대학부와 코스타KOSTA 국제 총무를 10여 년간 섬기고 남가주 사랑의

교회를 개척하여 오늘에 이르기까지 한결같은 제 기도제목은 이것이었습니다. "주님, 우리가 하는 모든 사역이 우리 교회만의 역사가 아니라 하나님의 역사God's History가 되게 하옵소서." 또한 평소에는 이렇게 기도해왔습니다. "하나님이 시시하지 않은 것처럼 우리의 남은 생애가 시시하지 않고 멋있는 역사가 되게 하셔서 걸작 인생, 비싼 인생을 살게 하옵소서." 이 책은 이 기도에 대한 주님의 신실한 응답을 기록하고 있습니다.

이 책은 저를 불쌍히 여기신 하나님의 흔적을 기록한 것입니다

"주여, 나는 죄인입니다."

"나를 불쌍히 여겨주옵소서."

누가복음 18장에 나오는 세리는 이렇게 기도했습니다. 이 기도는 제가 기도할 때마다 서두에 꼭 붙이는 고백입니다. 이 기도 덕분에 지난 20여 년간의 사역 동안 하나님의 보호하심을 누릴 수 있었다고 생각합니다.

문제는 어느 시대 어느 교회를 막론하고 있게 마련입니다. 그 문제를 극복할 수 있도록 하나님께서 얼마나 우리를 불쌍히 여겨주시느냐가 관건입니다. 이 책은 "문제를 덮어버릴 수 있도록 문제보다 큰 은혜를 주옵소서" 하는 기도와 그에 따른 간증을 기록하고 있습니다.

이 책은 복된 만남을 기록한 것입니다

저는 한국교회 첫 멘토십(영적인 선도자, 사부, 스승, 코치)의 수혜 세대입니다. 개척한 첫 주일부터 "주여, 브리스길라와 아굴라와 같은 충성된 부부를 만나게 하시고 바울과 모세, 김용기 장로님 같은 귀한 선배들을 만나게 하옵소서" 하고 기도했는데, 주님은 꼭 그렇게 해주셨습니다. 이 책을 읽는 분들에게는 저보다 더 좋은 만남의 복이 있으리라 확신합니다.

이 책은 머리로 쓴 것이 아닙니다

열여섯에 주일학교 아이들에게 첫 설교를 한 이후 새벽마다 기도하면서 깨달은 은혜, 세계 각지를 다닐 때마다 주님께서 주시는 착상과 아이디어와 영감들을 메모해놓고 창조적으로 적용하여 그 효율성을 확인해본 다음에 기록한 책입니다. 이 책을 읽고 시대를 보는 안목과 사고방식이 이 책에 담긴 것 이상의 신선함과 창조성으로 가득해지길 기도합니다.

대학 시절부터 오늘에 이르기까지 평신도들로 하여금 왕 같은 제사장의 삶을 살게 하고, 영적인 재생산을 감당하도록 돕는 제자훈련 사역을 해왔습니다. 이제 소박한 소원 하나는, 이 책을 통해 많은 이들이 하나님을 향해 잃어버린 열정을 다시 회복하여 영혼의 봄동산을 경험하고 세상을 향해 보내진 제자로서 소명을 감당하게 되는 것입니다. 새 시대를 섬기기 위해 눈이 열린 하나님의 사람들이 함께 짐을 지고 나아갈 수 있도록 강력한 영적 끈으로 묶을 수 있는 은혜도 주시길 원합니다.

양가 부모님, 날마다 담임목사를 위해 기도와 후원을 아끼지 않는 남가주 사랑의교회 가족들, 추천의 글을 써주신 옥한흠, 이동원 목사님과 비전의 동역자들, 땀 흘려 귀한 책을 만드신 모든 분께 감사를 드립니다. 더불어 이미 결정된 것으로 좌절하거나 고민하지 않고, 내가 더 잘할 수 있는 것, 즉 주님을 향한 뜨거운 신뢰, 열정, 사랑에 목숨을 걸도록 도와준 사랑하는 아내 윤난영에게 감사드립니다.

무엇보다 한 번뿐인 인생을 나의 약점이 일하지 않고 나의 강점이 일하도록 은총의 표징을 보여주신, 사랑하는 주님께 다함 없는 영광을 올려드립니다.

주후 1997년 5월
사랑과 감사로
오정현 목사

목
차

PART 06

**사역의
이륙을 위한
목회자의
패러다임**

1

튼실한 뿌리,
우리 집
영적 가계도

교회밖에 몰랐던 어린 시절,
개척 이후 오직 한 교회를 지켜오신,
신절(信節)의 표본인 부친 밑에서 자란 나는,
육신의 아버지가 곧 영적 아버지인 복을 얻었다.
덕분에 아주 어려서부터
주님을 위해 살아가는 특권을 누렸다.

영원히 변함없을
기도제목

남가주 사랑의교회를 개척하기 위해 미국으로 간 지도 어느덧 10년 가까이 흘렀습니다. 돌아보면 하나님이 베풀어주신 은혜에 감사한 것밖에 없습니다. 그동안 본 교회가 이민 사회의 불신자들을 열심히 전도하여 집중적으로 평신도 제자훈련을 해온 결과, 얼마 전부터는 등록 성도와 출석 성도의 수가 일치하는 교회로 알려지게 되었습니다. 또한 여자보다 남자가 더 많이 활동하는 교회, 2세들에게 예배를 통해 한국어를 가르치며 신앙 계승을 꿈꾸는 교회, 연초 특별새벽기도회에는 멀리 샌디에이고에서까지 성도들이 달려오는 교회로 소문이 났습니다. 그러다 보니 제게 이런저런 문의를 해오는 분들도 생겼습니다. 한인교회의 어려움을 극복하고 폭발적인 성장을 이룩한 비결을 나누어달라고 말입니다.

그때마다 참 난감했습니다. 하나님께서 하신 일들을 몇 마디로 축약해서 말씀드린다는 것도 어렵거니와 자칫하면 하나님의 영광을 가리지나 않을까 염려되는 마음이 앞섰던 것입니다. 그러나 이렇게 용기를 내어 책을 펴낸 이유는, 남가주 사랑의교회에 베푸신 하나님의 긍휼과 인자하심을 함께 나눔으로써 여러 동료, 선후배 목사님들의 사역이 이륙하기를 바라는 간절한 마음 때문입니다. 만약에 우리의 사역이 이륙하지 못하고 활주로에서 정지한 채 그저 시동만 걸고 있다고 생각해보십시오. 얼마나 안타까운 일입니까?

남가주 사랑의교회는 10년이 채 안 되는 짧은 역사를 지녔으면서도 새로운 목회철학을 가지고 여러 가지를 시도해왔습니다. 그래서인지 이민교회가 갖는 어려움에 더하여 힘든 일들을 많이 겪어야 했습니다. 물론 다른 교회들이 겪는 아픔도 강도의 차이는 있을지언정 다 겪었다고 말할 수 있습니다.

중요한 일을 결정할 때마다 하나님 앞에서 벌벌 긴 적도 한두 번이 아닙니다. 하지만 문제가 있을 때마다 그 문제를 부여안고 전전긍긍하지만은 않았음을 고백합니다. 그 문제에 깔려 신음하지도 않았습니다. 또한 "이번 주간도 환난을 면케 하여주옵소서" 하고 기도하지도 않았습니다. 대신 새벽기도를 비롯하여 전 교우들이 함께 기도할 때마다 "하나님 아버지, 이 문제를 덮어버릴 수 있는 더 큰 은혜를 주옵소서" 하고 간절히 매달려 기도했습니다.

지난 개척 기간은 그야말로 문제보다 더 큰 은혜를 수없이 경험한 살아 있는 목회 현장이었습니다. 때로는 아주 모험적인 결단을 해야 할 때도 있었습니다. 그러나 한 가지 당차게 추구한 것이 있다면 처음에 목표로 세운 말씀훈련 사역과 성령 사역의 균형을 잡겠다는 목회전략을 조금도 수정하지 않은 것입니다. 이민교회로서는 생소한 시도였기 때문에 외부의 부정적 시각도 없지 않았으나 그런 것들이 저의 확신과 비전, 열정을 바꿀 수는 없었습니다.

그 이유 때문인지 교회 규모가 커지고 난 후에도 원만하고 꾸준한 성장세를 보이고 있습니다. 무엇보다 제 관심은 단기간에 폭발적으로 성장하는 것이 아니라 조금씩이라도 좋으니 꾸준히 성장하는 것입니다. 꾸준히 성장하는 교회, 이 목표야말로 죽을 때까지 변함이 없을 제 기도제목입니다.

할아버지가 들려주던
나의 사랑하는 책

강단에 서서 모세에 관한 설교를 할 때면 더욱 은혜가 밀려옵니다. 모세가 나일 강물에 떠내려가다가 바로의 딸에게 발견되었을 때의 정경들과 이스라엘 백성들을 이끌고 애굽을 탈출할 때의 심경을 상상할 때마다 인간을 향한 하나님의 섭리가 밀물처럼 은혜로 젖어듭니다. 이처럼 특별히 모세를 추억하며 감동에 젖는 것은 할아버지께 받은 신앙교육 덕분입니다.

할아버지는 열여덟 되던 해부터 시작해서 40년 동안을 주일학교 교사로 섬기셨습니다. 교회를 사랑하는 그 마음은 말로 다할 수 없을 정도였습니다. 그리고 제가 서너 살 되던 해부터는 늘 무릎 위에 앉혀놓고 성경 이야기를 들려주셨습니다. 이야기 하나하나가 얼마나 생동감이 넘쳤는지 모릅니다. 손자 사랑의 으뜸이 성경을 가르치는 것임을 당신은 이미 확신하고 계셨던 것입니다.

"나의 사랑하는 책 비록 해어졌으나… 우리 어머니가 들려주시던, 재미있게 듣던 말 이 책 중에 있으니 이 성경 심히 사랑합니다"라는 가사의 찬송이 있습니다. 그 찬송가 그대로였습니다. 제게는 어머니께서 들려주시던 성경이기도 했지만 아버지와 할아버지께서 들려주시던 성경이기도 했습니다.

할아버지는 재미있는 성경 이야기를 들려주시면서 늘 이런 말을 빠뜨리지 않으셨습니다.

"현이는 모세같이 되거라, 모세같이⋯."

그 말씀 때문인지 늘 제 영감의 현장은 모세가 활동하던 곳으로 달려가 있습니다. 요게벳이 모세를 버릴 때의 마음이 어떠했을지, 미리암이 아기 모세를 미행할 때의 심정이 어떠했을지 상상으로 좇아가다 보면, 강단에 서기만 해도 어느새 하나님의 은혜가 가슴에 와닿는 것입니다. 모두 할아버지의 신앙교육 덕택입니다.

네댓 살 되던 해라고 기억됩니다. 성탄절에 할아버지 댁에 무리를 지어 새벽송을 부르러 왔는데 성탄 축하송을 마치자 할아버지가 광선반 위에서 삶은 고구마를 꺼내 대원들에게 나누어주셨습니다. 아직도 그 장면이 눈에 선합니다. 이처럼 할아버지는 시골 생활의 아스라한 추억을 심어주신 분입니다.

그렇게 할아버지의 품에 안겨서 다니던 교회의 이름은 경북 의성의 '삼분교회'였습니다. 그 당시에 북장로교 선교사들이 세웠던 어머니 같은 교회인데, 큰 교회는 아니었지만 시골 교회에서 부친 세대에 20여 명의 목사가 동시에 나왔으니 대단한 영적 열풍이 불었던 곳입니다. 그곳에서 증조할머니가 처음 예수를 믿으셨고, 할아버지가 그 신앙을 이으셨습니다. 증조할머니는 슬하에 8남매를 두셨는데 "너희들 예수 안 믿으면 내 자식이 아니다" 하며 협박(?)하실 정도로 신앙에 대해 견고한 분이셨습니다. 그러니 자녀들이 장로, 집사로 교회를 섬기게 된 것은 당연한 결과였습니다.

튼실한 뿌리, 우리 집 영적 가계도

무적함대의
목회자 가정

할아버지가 보여주시는 믿음의 행보를 좇아 철저한 신앙생활을 하던 우리 가족은 가야제일교회를 개척하게 된 부친(오상진 목사)을 따라 부산으로 내려가게 되었습니다. 그때 제 나이 일곱 살이었습니다.

그 시대 목회자 가정이 다 그러했던 것처럼 우리 가족 역시 배를 곯았고 제대로 입지 못하며 자랐습니다. 부산 변두리인 가야동 난민촌, 그 달동네에서 죽어라 복음을 전해도 변화의 속도는 너무 느리고 도움의 손길을 필요로 하는 사람들은 참으로 많았습니다. 아버지는 바리깡(이발기)을 들고 다니면서 헌데가 덕지덕지한 아이들의 머리를 손수 깎아주고 깨끗이 감아주셨습니다. 목회자로서 아버지의 삶이 얼마나 고단했는지 곁에서 지켜보았습니다. 하지만 아버지는 그 고단함 속에서도 43년 동안 한 교회만을 섬기셨습니다.

그 시절 가난한 달동네 사람들은 자주 우리 집에 쌀을 꾸러 오기도 하고 먹을 것을 얻으러 오기도 했습니다. 살림은 궁핍한데 집으로 오는 사람들은 줄을 이으니 먹을 게 없는 날이면 제가 10원짜리 기계국수를 사러 줄달음쳐 다녀오곤 했습니다. 그래서 대학에 다닐 때까지 국수는 별로 가까이하고 싶지 않았습니다. 지금도 가끔씩 국수 가락만 보면 허기진 배와 우리 집에 찾아왔던 가난한 사람들의 행렬이 떠오릅니다. 간혹 그 시절 이야기를 성도들에게 들려주면 어떤 이는 우스갯소리를 하기도 합니다.

"그래서 목사님의 키가 180센티미터까지 컸군요!"

비가 오면 지붕에 왜 그렇게 새는 곳이 많은지… 방 두 개 딸린 사택에 대식구가 옹기종기 모여 지내는 모습을 보고 아버지 친구분이 이렇게 말씀하시기도 했습니다.

"집은 이래 작은데 아들은 와 이래 크노?"

주위를 둘러보면 큰 교회도 많고 부유한 교회도 많은데 왜 우리 교회만 유독 가난한 것인지, 아버지는 왜 그렇게 고생하셔야 했는지 어린 마음에 의문도 있었지만 고생하는 것 자체에 회의가 들거나 처지를 비관하지는 않았습니다. 감사하게도 할아버지와 부모님의 기도로 주눅 들지 않고 밝게 자랄 수 있었습니다.

할아버지와 아버지는 애당초 돈 욕심과는 거리가 멀었습니다. 그 어려운 살림을 꾸려가면서도 아버지께서 당시에 대략 2천여 권가량의 책을 소장하셨던 것만 봐도 어디에 우선권을 두고 물질을 사용하셨는지 짐작하고도 남음이 있습니다. 책을 사랑하시는 아버지를 바라보며 돈이 생기면 당연히 책을 사야 되는 것으로 알고 자랄 정도였습니다. 가난했지만 책에 파묻혀 지낸 행복했던 시절, 그때 읽은 이야기들은 지금도 머릿속에서 떠나지 않습니다. 특히 초등학교를 졸업하고 부산중학교에 입학할 때까지 약 3개월 동안 아무것도 하지 않고 오로지 책만 읽었던 때가 아직도 기억에 생생합니다. 《삼국지》부터 시작해서 아버지에게 배운 한자 실력 덕분에 사서삼경을 읽었고, 뜻도 잘 모르면서 닥치는 대로 어려운 책들을 독파했습니다. 그러다 보니 중학교에 진학해서도 인문 과목에 남다른 관심을 갖게 되었습니다. 초등학교 5학년 때 이미 신약을 8번 읽고, 구약을 5번 읽었으니 역사, 문학, 국어, 사회 과목은 누워서 식은 죽 먹기였습니다. 가난한 동네에서 별다른 교육의 혜택을 받지 못하고 자랐지만 하나님 은혜의 햇살은 가난한 달동네를 비추고도 남았습니다.

교육 문제에 관한 한 아버지는 양반다운 면모를 많이 보여주셨습니다. 비록 돈은 없었지만 저를 학교에 보낼 때면 머리를 단정하게 빗기고 옷차림을 바르게 해서 보내셨습니다. 비록 물질적으로는 가진 것이 없어도 흐트러진 모습을 보이는 것은 싫어하셨습니다. 이런 이유로 늘 예배의 경건이 몸에 배어 있었습니다. 당연히 예배가 끝날 때까지 차가운 교회 시멘트 바닥에 무릎을 꿇은 채로 앉아 있어야 했는데, 따지고 보면 아버지의 엄한 교육 덕분에 우리 형제들이 착실하게 자랄 수 있지 않았나 싶습니다.

한 가지 기억에 남는 것은 초등학교 6학년 때 어린이 성경고사대회에서 제가 1등을 하고 동생이 3등을 차지했던 일입니다. 너무도 신나는 일이었지만 사실 그 일은 자연스럽고 당연했습니다. 어릴 때부터 장로교 합동 측의 보수적인 신앙훈련을 철저히 받고 자랐기 때문입니다. '매삼주오'라고 매일 석 장, 주일 다섯 장씩 성경을 읽었으니 그 당시 제 나이보다도 더 많이 신구약 성경을 읽을 수밖에 없었습니다. 그래서 부산 가야제일교회가 전국 성경퀴즈대회에서 이름을 날렸고 부산 지역에서는 일약 유명한 교회가 되었습니다. 당시에 성도가 150명밖에 안 되는 작은 교회였지만 저와 동생 그리고 몇 명이 함께 나가면 우리를 이길 팀이 없었습니다. 그야말로 말씀으로 무장한 무적함대였습니다.

고철 모으러 다니던
소년

당시에는 중등 교육과정도 시험을 치르고 진학하던 때라 초등학교를 졸업하고 중학교에 진학할 때는 긴장하지 않을 수 없었습니다. 가난한 살림 탓에 진학을 위한 과외나 보충교재는 꿈도 꿀 수 없었지만 하나님의 은혜로 부산중학교에 입학하여 의젓한 중학생이 되었습니다.

중학교에 입학할 무렵 교회 건축을 시작했는데 성도들 모두 허리띠를 졸라매며 열심히 공사에 박차를 가하는 분위기였습니다. 저 역시 그 대열에 참여하고 싶은 마음으로 고철이나 탄피를 주우러 개울가를 돌아다니곤 했습니다. 그 고철을 모아 팔면 교회 건축에 도움이 되지 않을까 하는 생각에서였습니다. 학교에 다녀와서는 모래 등짐을 지기도 했습니다. 어린 나이였지만 교회는 생명의 보금자리와도 같은 곳이었기에 간절한 마음이 더했습니다.

어린 시절 저는 교회에 미쳐 있었고 그 애정은 말로 다할 수 없었습니다. 그러자 그런 소문들이 어떻게 퍼졌는지 〈어린양〉이라는 유명한 주일학교 잡지에서 인터뷰 요청이 왔습니다. 그때 만났던 분은 북부산교회 이장수 목사님의 자제인 이영대 선생님이었습니다. 학교생활, 교회생활 등 저의 이모저모를 취재하셨는데, 이 선생님은 그 후 얼마 지나지 않아 브라질로 이민을 가셨고, 23년을 그곳에서 사셨습니다. 그런데 하나님께서 맺어주신 인연이 얼마나 깊은지 나중에 이 선생님은 남가주 사랑의교회의 장로님이 되셨습니다. 저도 처음에는 그 우연에 놀랐지만 나중에 사정을 다 듣고 나서 그분이 남가주 사랑의교회로 오시기까지 많은 기도가 있었음을 알게 되었습니다.

이 선생님은 브라질에서 사실 때 제가 미국에서 교회를 개척했다는 소식을 듣고 그때부터 기도를 하셨다고 합니다. 이민생활을 하면서 어떻게 하면 자녀를 바른길로 인도할 것인가는 선생님의 큰 숙제였습니다. 브라질에서는 주일에도 시험을 보거나 카니발을 여는 분위기였기 때문입니다. "하나님, 제 딸들이 이런 세속적이고 음란한 문화 속에서 살기를 원하지 않습니다. 딸들을 좋은 대학보다 좋은 교회로 인도해주십시오. 하나님의 복음을 온전하게 전하는 교회, 꿈을 심어주는 교회, 하나님의 말씀을 삶으로 지키는 교회, 지금보다는 미래가 더 좋은 교회로 가기를 원합니다."

결국 이 선생님은 결단을 내리고 오랜 브라질 이민생활을 정리한 뒤 미국으로 재차 이민을 오셨습니다. 먼저 이영대 선생님과 사모님이 교회에 등록하신 후 저와 제자훈련을 하고 이어서 사역훈련을 받았습니다.

그 후 선생님의 자녀는 모두 주님 안에서 형통한 길로 풀렸습니다. 큰딸은 캘리포니아 UCI를 졸업하고 지금 법학대학원에 재학 중입니다. 둘째 딸은 하버드 치과대학에, 셋째 딸은 버클리 대학에 다니고 있습니다. 모두 똑똑하고 믿음 좋은 청년으로 잘 자라주었습니다.

이영대 선생님은 우리 교회 장로님이 되셔서 당회 서기로 봉사하셨는데, 장로님 가정을 볼 때마다 얼마나 은혜가 되었는지 모릅니다. 과거 고철 줍던 소년이 장로님과 함께 사역한다고 생각하면 가슴이 뭉클하고 '하나님께서 교회를 통해 이렇게 값진 복을 주셨구나' 하는 생각에 코끝이 찡해집니다.

한국이나 미국 교회에서 열심히 일하며 리더로 섬기는 저희 세대의 사역자들을 가만히 살펴보면, 대형교회에서 중·고등부 시절부터 예배를 따로 드린 사람들보다는 오히려 중·고등부 예배를 따로 드릴 만한 처지가 안 되는 개척교회나 중형교회에서 어른들과 함께 예배를 드린 사람들이 많습니다. 청소년기에도 어른들과 함께 예배를 드린 사람들은 성인 사역에 대한 리더로서의 센스를 갖게 됩니다. 그러니 어려서부터 하나님의 교회를 위해 봉사하고 섬기는 일은 결국 자신이 복을 받는 길이라고 해도 과언이 아닙니다.

저는 교회에 가는 것이 다른 어떤 일보다 즐거웠습니다. 학교에 갈 때도 항상 예배당에 들러서 기도하고, 타지방으로 떠날 때도 반드시 가정예배를 드린 다음에 집을 나서곤 했습니다. 딱딱하고 차가운 개척교회 바닥에 꿇어앉으면 무릎이 시려왔지만 그래도 교회에서 기도하고 찬송하며 예배를 드리는 것이 정말 좋았습니다.

초등학교 5학년 때부터 풍금 반주를 했고 성탄절이 되면 독창을 맡기도 했는데 지금도 그 찬송들이 귀에 쟁쟁합니다.

"눈길로 삼천리 종을 울려라 새벽종 울음소리 사라지기 전 오늘은 즐거운 성탄 성탄 깨끗이 맞이하자 성탄 성탄."

중학교 2학년이 되면서부터는 직접 교회 주보를 만들기 시작했습니다. 지금은 컴퓨터가 있어서 주보 인쇄가 참 편리하지만 당시는 등사기에 잉크를 묻히면서 어렵게 인쇄했습니다. 이렇게 6년간 주보를 만들었습니다. 회지를 만드는 날이면 밤샘을 한 적도 많았습니다. 그때의 일들은 하나님께서 만들어주신 아름다운 추억이며 목회의 중요한 밑거름이 되었습니다.

가난했지만 기쁨이 있던 시절, 그러나 한 가지 사건이 큰 시련으로 다가왔습니다. 그렇게 교회를 위해 땀 흘리고 한 푼 두 푼 모아서 교회 땅을 마련했는데, 그만 사기 사건에 휘말리고 만 것입니다. 뿐만 아니라 어떤 집사님이 아버지께 교회 부동산 문서와 집문서를 잠깐 빌려달라고 해서 빌려줬다가 남의 빚보증을 서게 되어 하루아침에 무일푼으로 전락하고 말았습니다. 그야말로 우리 식구들은 오갈데 없이 되었고 교회는 교회대로 큰 어려움에 부딪혔습니다.

중학교에 입학할 무렵 교회 건축을 시작했는데,
나도 수업을 마친 후 고철을 모아 팔거나
모래 등짐을 지고 그 일에 동참했다.
2학년 때부터는 주보를 만들었다.
이렇듯 어린 시절부터 교회는 나의 전부였으며,
그때의 일들은 하나님께서 만들어주신
아름다운 추억이자 목회의 중요한 밑거름이 되었다.

크고 깊은 산

아버지는 7년 동안 부산 혜광고등학교에서 교목실장을 지내셨고 교회에서는 사례 없이 7년 동안 담임목사로 섬기셨습니다. 담임목사와 교목실장의 임무를 동시에 감당한다는 것은 보통 어려운 일이 아니었습니다. 새벽기도, 설교, 심방을 도맡아 하시면서 교목실장까지 맡다 보니 과로로 쓰러지기도 하셨습니다. 피로한 기색이 역력한 아버지의 얼굴을 뵐 때마다 그것을 지켜보는 제 마음은 참 아팠습니다.

언젠가 아버지께서 어머니와 제 손을 꼭 잡고 창가에서 이런 찬송을 부르시던 기억이 납니다.

"내 주를 가까이 하게 함은 십자가 짐 같은 고생이나 내 일생 소원은 늘 찬송하면서 주께 더 나가기 원합니다. 내 고생하는 것….."

아버지는 힘들 때마다 찬송을 하셨습니다. 한 번도 하나님을 원망하거나 자신의 처지를 불평하는 모습을 본 적이 없습니다. 찬송을 부르며 눈물을 흘리기는 하셨지만, 자신의 처지를 한탄하거나 한숨을 쉬는 일은 없었습니다. 저는 그때 감각적으로 욥기의 말씀이 무엇을 의미하는지를 배웠습니다.

자식을 잃고 재산도 잃은 욥, 그도 인간이기에 티끌을 뒤집어쓰며 슬픔에 잠겨 옷을 찢었지만 욥의 찬양은 멈추지 않았습니다. 그 혹독한 어려움 속에서도 하나님을 원망하지 않고 경배하려 했던 욥과 같은 아버지의 삶을 통해, 아무리 인생이 어려워도 하나님을 예배하고 찬양하면 하나님께서 역사를 이루신다는 것을 깊이 깨달았습니다. 아버지를 보며 욥의 심정이 어떠했을지, 어려운 시련을 허락하신 하나님의 뜻이 무엇인지를 분별하는 눈이 열려갔습니다.

어려울수록 힘이 더 난다는 것. 아마 예수님을 모르는 세상 사람들은 이해하기 어려울 것입니다. 그러나 기독교야말로 역설의 종교 아닙니까? 죽어야 살고 살려면 죽어야 한다는 원리를 예수님을 마음 가운데 모신 그리스도인들이라면 한번쯤은 체험해보았을 것입니다. 어려움 속에 샘이 솟듯이 터져 나오는 그 힘을 말입니다.

그 시절의 어려움은 뼈에 사무칠 정도였습니다. 그때 저는 예민하고 자존심 하나로 똘똘 뭉쳐 있던 십대였습니다. 겉으로는 공부에만 몰두하는 모범생처럼 보였지만 마음속의 고통과 좌절은 더할 나위 없이 심했습니다. 외교관, 대학교수 등 이루고 싶은 꿈도 많았지만 여러 갈래 길 중에 마음 깊은 곳에서는 '나는 목회자의 길에서 떠날 수 없다. 이건 하나님이 정해놓으신 뜻이다' 하는 하나님과 저만의 묵계 같은 것이 있었습니다. 아버지께서 고생하시는 것을 다 알고 또 지켜보면서도 그 생각은 머릿속에서 떠나질 않았습니다.

아버지는 부산의 큰 교회로부터 청빙을 받기도 하셨지만 가야제일교회를 떠나지 않으셨습니다. 너무 힘들 때는 떠나고 싶은 마음도 없지 않았겠지만 겉으로는 내색하지 않으셨고, "지금 이 상태에서는 우리 교회에 누가 와도 힘들다. 그리고 떠나도 누가 왔을 때 힘들지 않은 교회로 키워놓고 떠나야지" 하시며 한사코 모든 기회를 마다하고 가야제일교회를 지키셨습니다. 그렇게 43년 동안 한 교회를 섬기신 아버지는 언제나 우리에게 크고 깊은 산이었습니다.

새벽기도로 새 길을 연
재수생

집 안팎의 어려움 속에 한 가지 어려움이 보태졌습니다. 입시에서 낙방의 고배를 마신 것입니다. 한창 예민한 시절, 불합격 통지를 받고 나서도 속울음만 삼켰을 뿐 누구와도 진로를 의논하지 못했습니다. 집안 형편상 재수하기가 쉽지 않기 때문에 혼자 끙끙 앓았습니다. 부모님도 뭐라고 말씀해주실 상황이 아니었던 것 같습니다. 아니, 못 하셨을 것입니다.

혼자서 결단을 내려야 했습니다. 몇 날 며칠을 기도하고 고민했습니다. 그리고 드디어 '서울행'에 대한 결심을 굳히고 아버지께 말씀을 드렸습니다.

"아버지, 저 서울 보내주이소."

그런데 예상 외로 아버지께서 흔쾌히 허락을 해주시는 것이었습니다. 단, 한 가지 조건을 거셨습니다.

"그래, 네 결심이 정 그렇다면 가거라. 단, 40일 새벽기도에 나오면 너 서울 보내준다.”

돈 이야기는 일절 없이 40일 새벽기도가 조건이었습니다. 저는 순종하는 마음으로 최선을 다해 새벽기도를 다녔습니다. 한창 잠이 많을 때였지만 서울행을 허락해주신다는 조건 때문에 40일 새벽기도를 너끈히 해냈습니다. 그때의 새벽기도가 내 평생 새벽기도의 출발점이 될 줄은 상상도 못한 채 말입니다. 그리하여 서울로 직행할 수 있게 되었습니다.

서울 가던 날 아버지께서 봉투를 하나 건네주셨습니다. 저는 마음속으로 이 돈을 주시면 부모님과 식구들은 뭘 먹고 지낼까 걱정이 앞섰습니다. 아버지는 그런 제 걱정과 염려를 아시는지 “이거 기차 타거든 펴 봐라” 하며 손을 흔드셨습니다. 당시 아버지의 한 달 교회 사례비가 4만원이었는데 제가 공부할 서울의 학원비가 12,400원이었습니다. 그리고 하숙비가 13,000원이었으니 모두 합해서 25,400원이었습니다. 제게 25,400원을 주고 나면 우리 가족은 뭘 먹고 살까 얼마나 걱정이 되던지….

그런 염려를 안고 기차 안에서 조심스럽게 봉투를 뜯어보았습니다. 그런데 뜻밖에 봉투 안에 돈은 없고 쪽지 한 장만 들어 있었습니다. 고린도전서 6장 19-20절 말씀이었습니다. “너희 몸은 너희가 하나님께로부터 받은 바 너희 가운데 계신 성령의 전인 줄을 알지 못하느냐 너희는 너희의 것이 아니라 값으로 산 것이 되었으니 그런즉 너희 몸으로 하나님께 영광을 돌리라”(개역한글).

마치 영화의 한 장면 같았습니다. 뒤통수를 한 대 얻어맞은 것 같기도 했습니다. 정말 그 말씀 때문에 학원 지하에 있는 다방에도 못 가보고, 친구들과 어울려 당구 한 번 칠 수가 없었습니다. 당시 제게 가장 큰 스트레스는 '목사 아들'이라는 호칭이었습니다. '너는 목사 아들이니까' 혹은 '목사 아들답게 살아라' 하는 말이 무척 부담스러웠습니다. 그러나 지나고 보니 아버지께서 주신 봉투 속의 성경 말씀이 제 삶의 방향을 정확히 알려주는 나침반이었고 이것이 저를 바르게 이끌어주었음을 깨달았습니다.

때로는 철없이 아버지께 "아버지, 제발 직장 예배나 다른 집회 인도하시고 받으신 사례비 있으면 제게 보내주세요. 저도 자유롭게 돈 좀 쓰고 싶어요" 하고 편지를 쓰기도 했습니다. 제 편지를 받으신 아버지의 마음이 얼마나 쓰라리셨을지….

아버지는 항상 신앙 안에서 철저한 가정교육을 하신 분입니다. 아무리 바빠도 가정예배를 드리는 일에는 소홀함이 없으셨고, 어려운 일 앞에서는 항상 기도로 그 문제를 해결하려 하셨습니다. 가족이 모이면 우리 4형제의 이름을 하나하나 불러가며 기도하시던 아버지는 항상 좌절하지 않는 태도를 보여주셨습니다. 이처럼 아버지는 철없는 제게 누구보다도 든든한 영적 기둥이셨습니다.

재수생활을 하면서도 아버지의 훈계대로 새벽기도를 빠뜨리지 않았습니다. 서울에 연고가 없어 친구 집에 얹혀 지내며 눈칫밥을 먹기도 하고, 돈이 없어 하루에 한 끼씩만 먹으며 허기를 달래는 생활을 한 달 동안 하기도 하고, 온몸에 뾰루지가 나서 고생하면서도 새벽기도는 빠뜨리지 않았습니다. 건강 상태가 좋지 않아 한번 뾰루지가 나면 잘 낫지도 않았습니다. 그런 어려움 속에서도 새벽기도를 할 수 있었던 것은 위로를 받을 데라곤 하나님의 전밖에 없다는 사실을 알았기 때문이었습니다.

훗날 대학생이 되어서는 입주 과외를 할 수 있어서 생활의 어려움을 조금은 해결할 수 있었습니다. 추위와 배고픔을 해결한 것이 모두 하나님의 은혜라는 생각이 들지 않을 수 없었습니다.

서울에서는 내수동교회에 다녔습니다. 담임목사님이 신복윤 목사님이셨는데 제가 늘 새벽예배에 나가니 새벽기도에 나오는 젊은 학생이라고 칭찬하시면서 얼마나 많이 사랑해주셨는지 모릅니다.

그 후 박희천 목사님께서 새로 부임하셨는데 그분 역시 새벽기도에 대한 저의 열심을 보시고 많이 사랑해주셨습니다. 뿐만 아니라 신학교도 나오지 않은 저를 내수동교회 대학부 지도간사로 임명하셨습니다. 그때부터 제 인생의 방향은 완전히 달라졌습니다. 그야말로 새벽기도가 새 길을 열어준 것입니다. 어릴 적부터 주일예배와 새벽기도회를 알리는 종을 도맡아 쳤는데 이것이 새벽기도로 연결되어 인생의 방향이 바뀐 것 아닌가 생각합니다. 돌이켜 생각하면 애굽의 요셉과 같았구나 하는 감회에 젖을 때도 있습니다.

마르지 않는
열정의 원천

어려서부터 교회 가는 게 좋았고 찬송하기 좋아했던 저는 교회문화에 조금도 거부감이 없었습니다. 더욱이 기독교 신앙을 물려받은 지 4대째가 되다 보니 교회문화 체질이 되어버렸습니다. 주일학교에서의 성경공부와 찬양 시간, 특히 여름성경학교는 너무나 신나는 시간들이었습니다.

지금도 생각나는 한 가지 사건이 있습니다. 여름성경학교가 열려 친구들과 전도하러 다니다가 교회 근처에 있는 공병교육장 앞을 친구와 둘이 지나가게 되었습니다. "흰 구름 뭉게뭉게 피는 하늘에 아침 해 명랑하게 솟아오른다…" 이처럼 신나게 찬송을 부르면서 걸어가고 있었는데 갑자기 보초를 서고 있던 군인이 우리 둘을 딱 가로막고 비켜주지 않았습니다. 그러고는 우리를 보고 인상을 찌푸리면서 기합을 주는 것이었습니다. 우리가 교회에 다닌다는 이유 때문이었습니다. 당시에는 교회가 지금처럼 잘 알려져 있지도 않았고 교회에 대한 사람들의 오해와 사회적인 냉대가 심했습니다. 그래서 그런 일은 아주 흔했습니다. 바닥에 엎드려뻗친 채 기합을 받는 우리의 이마에는 땀이 송골송골 맺혔습니다. 시간이 지나면서 팔도 아프고 허리도 아파왔습니다. 우리는 이젠 그만 보내달라고 부탁했습니다. 그러자 그 군인이 이렇게 물었습니다.

"그럼, 니 누나 있나?"

아, 아쉽게도 제게는 누나가 없었습니다. 빠져나갈 길은 누나밖에 없는데 거짓말을 할 수는 없어서 없다고 솔직하게 고백했습니다. 그러자 우리를 한참을 노려보던 그 군인이 "그럼 노래 한 곡 부르면 내보내주마" 하는 것이었습니다.

"환난과 핍박 중에도 성도는 신앙 지켰네 이 신앙 생각할 때에 기쁨이 충만하도다 성도의 신앙 따라서 죽도록 충성하겠네…"

덕분에 우리는 그곳을 무사히 통과했습니다. 지금도 아스라이 떠오르는 어린 시절의 추억입니다.

당시 우리 교회는 산기슭에 있었고 교회에서 바로 10여 미터 아래에 암자가 하나 있었습니다. 새벽 4시만 되면 아버지나 제가 교회 종을 치고, 밑에 있는 암자에서는 목탁 두드리는 소리가 "똑똑똑" 들려오곤 했습니다. 그만큼 불교문화가 먼저 자리를 잡았고 기독교를 배척하던 동네였습니다. 결국 우리의 기도가 이겨 몇 년 만에 그 암자는 없어졌지만, 암자와 교회 사이에 보이지 않는 알력이 심했습니다. 예수 믿는 우리가 지나가면 누군가 돌멩이를 던지기도 하고, 심지어 큰 아이들이 위협하면서 때리기도 했습니다. 예수쟁이라는 이유로 말입니다.

그래도 저는 찬송 부르는 게 좋고, 교회 가는 게 그리 즐거울 수가 없었습니다. 지금도 우리 교회 교우들은 "목사님은 모든 찬송을 어쩌면 그렇게 은혜롭게 부르십니까?" 하고 묻습니다. 아마도 제가 영감 있게 찬송을 부른다고 느끼는 이유는 어릴 때부터 불러온 찬송에 영적인 에피소드나 영적 역사가 스며 있기 때문일 것입니다. 아버지의 개척교회 시절, 희망이 보이지 않고 힘들어질 때 새벽마다 나가서 부르던 찬송은 지금도 가슴을 때립니다.

"고요한 바다로 저 천국 향할 때 주 내게 순풍 주시니 참 감사합니다 큰 물결 일어나 나 쉬지 못하나 이 풍랑으로 인하여 더 빨리 갑니다…."

할아버지 역시 찬송을 잘 부르셨는데 늘 어렵던 개척 시절, 힘들 때마다 불러주신 그 찬송은 우리 가족 모두에게 얼마나 힘이 되었는지 모릅니다.

"저 기화요초 향기는 풍편에 날아오는데 생명수 강가의 화초는 늘 사시 청춘이로다 꿈결 같은 인생을 산다면 늘 살겠노라 인생의 향기 좋대도 바람과 같도다."

달동네 개척교회의 어려운 환경 속에서도 찬송은 언제나 영적인 힘의 원천이었습니다. 그러는 중에 언제랄 것도 없이 자연스레 '목사가 되어야겠다' 하는 결심이 자리 잡았습니다. 아버지의 힘든 삶을 보면서도 그 생각은 떠나지 않았습니다. 다만 아버지처럼 인격적으로 인내하는 목회를 할 수 있을까 하는 것이 고민이라면 고민이었습니다.

초등학교 5학년 때 경북 의성 달재의 외할머니 댁에 놀러 갔다가 그곳 어린이 여름성경학교에 참가해서 1등을 했던 기억이 납니다. 그러나 그것보다 더 생생히 기억에 남는 것은 제가 회개하고 구원받았다는 것입니다. 당시 폐병을 앓던 40대 노총각 전도사가 전하는 죄와 십자가의 은혜에 대한 설교를 듣고 밤이 새도록 마룻바닥을 뒹굴면서 회개의 눈물을 흘렸습니다. "주 달려 죽은 십자가", "웬 말인가 날 위하여" 같은 찬송을 부르면서 방학 내내 울면서 주님을 나의 구주로 영접한 사건을 기억합니다.

그 사건을 계기로 믿음의 눈이 확 트였습니다. 그 후 우리나라에서 이름난 강사님들이 부산에 집회하러 오면 꼭 참석해서 많은 은혜와 도전을 받았습니다. 초등학생 시절이었지만 그때의 기억이 지금도 제 영감의 원천 중 큰 비중을 차지하고 있습니다.

이런 영적인 역사들은 아무리 힘들어도 언제든지 다시 시작할 수 있다는 용기를 심어주었습니다. 그리고 예수 믿지 않는 영혼에 대한 안타까움이 마르지 않는 열정의 원천으로 자리 잡게 되었습니다.

저는 교회에 가는 일이

다른 어떤 일보다 즐거웠습니다.

학교에 갈 때도 항상 예배당에 들러서 기도하고,

타지방으로 떠날 때도 반드시

가정예배를 드린 다음에

집을 나서곤 했습니다.

딱딱하고 차가운 개척교회 바닥에

꿇어앉으면 무릎이 시려왔지만

그래도 교회에서 기도하고 찬송하며

예배를 드리는 것이 정말 좋았습니다.

2

좋은 만남,
내수동교회
대학부

내수동교회 형제들과 함께.
내수동 대학부는 영적 영양가가 높은 집회를 통해서
이 땅에 청년 부흥 시대를 활짝 열어젖혔다.
뒷줄에서 정장 차림으로 성경을 들고 계신 분이
강사이신 옥한흠 목사님, 가장 왼쪽에 서 있는 청년이 나.

구원의 확신이
있습니까?

　　내수동교회에 본격적으로 다니기 시작했을 무렵, 제 마음 한편에는 풀리지 않는 공허함이 있었습니다. 주님 앞에서 최선을 다해 뛰어갈 때 후회하지 않을 만한 길, 그 길을 찾고 싶었기 때문입니다. 그러다 보니 하루하루가 갈등의 연속이었고 나중에는 심한 딜레마에 빠지게 되었습니다. 어렸을 때의 습관을 좇아 매일 성경을 읽어나가도 도무지 가슴에 부딪치는 감동이 없고, 교회 사역을 열심히 하는데도 마음이 흡족하지 않았습니다. 항상 행사 중심의 교회 프로그램을 진행하다 보니 지치기 일쑤였습니다. 초등학교 5학년 때부터 거듭남에 대한 확신을 가진 제가 왜 이런 갈등을 겪어야 하는지 알 수 없었습니다.

　　그러던 어느 날, 서울대 언어학과에 다니는 이종현이라는 친구가 제게 성경공부 모임을 소개하며 같이 해보지 않겠느냐고 권유했습니다. 신촌에서 매 주일 모이는 '다락방' 모임이었습니다. 그 기회가 제 인생의 방향을 완전히 바꿔놓을 줄은 꿈에도 상상하지 못한 채 그냥 한번 둘러보자는 심산으로 친구와 함께 그곳을 방문했습니다. 그런데 그곳의 성경공부 리더가 제게 이렇게 묻는 것이었습니다.

"형제님은 구원의 확신이 있습니까?"

막상 그 질문을 받고 보니 뭐라 자신 있게 대답할 수가 없었습니다. '목회자 가정에 태어나 어릴 때부터 교회문화에 익숙했을 뿐만 아니라 성경도 많이 읽고 주일학교 졸업할 때 웨스트민스터 대소요리문답을 줄줄 외워 상을 받은 사람인데….' 저는 할 말을 잃고 우물쭈물했습니다. 사실 그때까지도 '구원의 확신'이란 말의 의미를 정확하게 몰랐던 것 같습니다. 정확하게 말하면 초등학교 5학년 때 예수님을 영접했으면서도 '양육'이 뒷받침되지 못하다 보니 그 사건을 '구원'과 연관시켜 생각하지 못했던 것입니다.

"저… 없는 것 같기도 하고 있는 것 같기도 하고…."

겨우 말을 더듬으며 대답하자 다음 질문이 이어졌습니다.

"혹시 구원을 받았다고 믿는다면 어떤 말씀을 근거로 구원을 받으셨습니까?"

성경을 스무 번 이상을 읽었는데도 더욱 할 말이 없어졌습니다. 돌이켜보니 저는 교리적인 복음주의자였지 삶으로 표현하는 고백적 복음주의자는 아니었습니다. 예배와 교리에는 강했지만 복음이 약했고, 형식적인 예배는 드렸지만 영적 교제의 능력은 없었고, 행사로 요란했지만 목숨처럼 붙들어야 할 비전은 없었던 것입니다.

세 번째 질문이 날아왔습니다.

"그렇다면 열매 맺는 삶을 살기 위해서는 앞으로 어떻게 해야 하겠습니까?"

열매 맺는 삶이라니? 저는 그 부분에 대해서도 전혀 생각해본 적이 없는 터라 한마디도 대답하지 못했습니다. 이후 저는 말씀을 통한 구원의 확신을 얻기 위해서 눈물 나는 아픔을 겪었습니다.

그 과정을 거치면서 특별히 로마서 5장 8절 말씀을 통해 완전히 깨어지게 되었습니다. "우리가 아직 죄인 되었을 때에 그리스도께서 우리를 위하여 죽으심으로 하나님께서 우리에게 대한 자기의 사랑을 확증하셨느니라." 하나님의 사랑, 의롭다 함을 얻는 의미, 참된 기쁨을 소유하는 일, 예수 안에서 생명의 법, 죄와 사망의 법에서 풀려남, 죄책감에서 해방되는 기쁨을 알게 되었습니다.

그제야 로마서 5장과 6장, 7장, 8장이 총천연색 영화처럼 선명하게 보이기 시작했습니다. 무엇보다 로마서 5장부터 8장까지의 말씀을 통해 '복음의 복음 됨'을 뼈저리게 깨달았습니다. 마음 깊은 곳에서부터 솟아나는 기쁨이 너무 커서 펄펄 뛸 수밖에 없었습니다. "강물같이 흐르는 기쁨, 성령 강림함이라 정결한 맘 영원하도록 주의 거처 되겠네" 하는 찬송을 몇십 번 불러도 모자라는 감격이 있었습니다. 그 구원의 감격으로 인해서 대통령, 장관이 되는 것보다 목사가 되는 것이 바꿀 수 없는 비전이 되었습니다.

깨닫고 난 다음에는 복과 은총의 대상으로만 가만히 있을 수가 없었습니다. 은총의 통로와 복의 근원으로 쓰임 받는 단계에 들어섰습니다. 하나님께서 내수동교회 대학부 회장을 맡겨주심으로 학생들과 복음을 나눌 수 있는 기회가 늘어났고, 기도원에 가서 큰 은혜를 받기도 했습니다. 아주 추운 겨울에도 수양회에서 받은 감격을 가눌 길 없어 눈을 맞아가며 하나님을 찬양하기도 했습니다.

당시 대학부 젊은이들에게 큰 변화를 일으킨 원동력은 '순수한 복음'이었습니다. 대학생들의 모임이라고 하면 으레 현학적인 분위기로 흐르기 쉬웠습니다. 교수님, 박사님들의 강의가 늘 뒤따랐습니다. 그러나 벤츠같이 좋은 차라도 엔진에 시동을 걸어야 달릴 수 있는 것처럼 기본적으로 순수한 복음에 대한 확신과 훈련이 되어 있지 않으면 그 좋은 강의들도 잠시 스쳐 지나가는 이야기일 뿐 삶을 바꾸어놓지는 못합니다.

그래서 순수 복음 전도와 순수 복음 훈련이라는 두 가지 초점, 즉 복음을 전하며 일꾼 삼는 것을 대학부의 목표로 삼고 힘을 모아나갔습니다. 일단 대학부에 들어오면 복음을 듣고, 구원의 확신을 갖게 하고, 그 후 영적으로 잘 성장할 수 있도록 이끌었습니다.

이렇게 선교단체Para Church의 훈련방법론을 교회에 적용시킬 수 있었던 시간들은 제가 대학부 사역에서 얻은 가장 큰 복이었습니다. 옥한흠 목사님을 비롯해서 참된 목회자요 학자이신 내수동교회의 박희천 목사님, 그 외에도 이동원, 홍정길, 하용조 목사님 같은 분들의 가르침을 통해 소위 개교회의 대학부가 갖는 한계를 극복할 수 있었던 것입니다.

풀리지 않는
교회론

　　선교단체에서 순수 복음에 대한 도전을 받은 직후 저는 지역교회를 섬길 것인가 선교단체에서 훈련을 받을 것인가를 놓고 큰 갈등을 하게 되었습니다. 선교단체에서 훈련을 받으면 기존 교회의 질서를 수용하고 섬기던 종래의 입장에 혼돈이 올 수밖에 없었기 때문에, 그동안 제가 가졌던 교회론이 흔들리면서 많은 아픔이 뒤따랐습니다.

　　그러나 막상 교회만 섬기려고 하니 또 다른 한계에 부딪혔습니다. 당시만 해도 한국교회 대부분의 청년 사역이 행사 중심으로 치우친 터라 순수 복음 운동이 활발하지 못했습니다. 복음에 대한 갈증을 느끼는 것은 당연한 일이었습니다. 따라서 성인 천 명이 출석하는 교회라 할지라도 대학부는 고작 10여 명에 불과한 경우가 많았습니다. 교회가 대학생들의 갈증을 풀어주지 못하자 웬만큼 생각 있는 젊은이들은 교회 밖으로 뛰쳐나가는 현실이었습니다. 저 또한 교회를 떠나는 친구들을 보면서 갈등이 일어났지만, 어린 시절부터 지녀온 교회에 대한 절대적인 존경과 애정이 식을 수는 없었습니다.

새벽에 일어나 종을 치던 교회, 하나님께 예배를 드리며 무수히 많은 기도를 쏟아놓았던 교회, 저는 그런 교회를 떠날 수가 없었습니다. 하지만 마음속으로는 '지역교회가 선교단체와 같은 역할을 감당할 수는 없을까?' 하는 의구심이 솟구쳤습니다.

이런 혼돈 속에서 돌파구를 발견했습니다. 바로 옥한흠 목사님과의 만남입니다. 옥 목사님이 지도하시던 서울 성도교회 대학부를 보게 된 것입니다. 그 대학부의 사역을 보는 순간, '바로 이거다!' 하는 생각이 번개처럼 스쳤습니다. 오랫동안 어두운 터널을 지나다가 밝은 빛을 만난 느낌이었습니다. 옥 목사님은 교회 밖 선교단체의 강점을 교회에 도입하여 참으로 내실 있는 대학부 사역을 하고 계셨습니다. 뿐만 아니라 설문조사를 통해 대학생들의 심리와 욕구, 목마름이 무엇인지를 파악하는 열정을 보여주셨습니다.

그러나 얼마 뒤에 옥 목사님은 공부를 하러 미국으로 떠나셨습니다. 두터운 친분이 있던 것도 아니었지만 그때의 상실감은 무척 컸습니다. 그리고 '이제는 정말 하나님 앞에서 혼자 해결해야 되는구나' 하는 생각이 들었습니다. 저는 '교회론'에 대한 서적을 손이 닿는 대로 섭렵했고, 그러던 중에 하나님께서 은혜를 주셔서 '교회론'에 조금씩 눈을 떠갔습니다. 또한 에베소서를 공부하면서 교회는 예수님의 몸이며, 외적인 크기에 상관없이 복음을 대표한다는 영적인 시각이 싹텄습니다. 이런 과정을 통해서 저는 하나님께서 이 땅에 남기신 주님의 몸인 교회를 생명처럼 아끼고 사랑하고 섬겨야 함을 깨달았습니다.

교회가 제2의 성육신이라는 사실을 깨닫는 순간 교회를 보는 눈이 달라졌습니다. 그러자 책상머리에 앉아 교회를 쉽게 비판하는 일, 목회자에 대해 함부로 욕하는 일들에 대해서는 철저히 반대하게 되었습니다.

　　그리고 교회가 그리스도의 몸인 이상 좋은 교회를 찾아다닐 것이 아니라 좋은 교회를 만들기 위해 최선을 다해야 함을 깨닫게 되었습니다. 저는 성도들에게 이 점을 강조합니다. "그리스도의 몸인 교회는 일하기 위해 존재하며, 일하기 위해서는 건강해야 합니다. 아픈 사람을 낫게 하려는 것보다 처음부터 건강한 사람을 만들어내는 데 주력합시다. 건강한 사람을 만들어내는 지름길은 바로 제자훈련입니다."

　　그러다 보니 남가주 사랑의교회는 자연히 치유 목회보다는 훈련 목회가 강조되고, 예방 목회가 우선되는 교회로 성장하게 되었습니다. 이것은 내수동교회 대학부를 섬기면서 뼈저리게 느끼던 바람으로, 당시 대학부에서는 일꾼 삼는 일(제자훈련)에 최선을 다했습니다. 3년 동안 묵묵히 교회를 사랑하고 잘 섬기면 은혜 받고, 5년 동안 교회를 사랑하면 복이 되고, 10년 동안 한 교회에서 은혜가 넘치도록 잘 섬기면 자손만대에 복이 있다는 말을 믿으면서 말입니다.

　　이후 그동안 교회 내에 쌓였던 문제들을 비판적인 눈이 아니라 감사함으로 바라볼 수 있게 되었습니다. 문제가 보이기 시작했다는 것은 하나님께서 제게 '기도하라'는 사인을 보내주신 것과 같기 때문입니다. 교회를 위해 기도하고 교회의 부족함을 채우기 위해 노력하라는 하나님의 분명한 뜻, 저는 그 뜻에 순종했습니다. 비록 청년 사역을 맡기에는 부족한 사람이었지만 지교회 사역에 대한 확신과 열정으로 기쁘게 감당할 수 있었습니다. 전통적인 교회론의 든든한 터전 위에 교회 밖 선교단체의 장점들을 접목하라는 지혜가 제게 계시처럼 주어졌습니다.

우선 각 선교단체의 장점들을 파악해보았습니다. 한 예로 IVF(한국기독학생회)의 강점은 지성 사회의 복음화였는데 특히 좋은 책, 귀한 강의, 수준 높은 자료집 등 유용한 자료를 한국교회에 지속적으로 공급해주어서 그 덕을 톡톡히 보았습니다. 네비게이토 선교회를 통해서는 철저한 일대일 양육과 세계 비전을 체득할 수 있었고, CCC를 통해서는 전도에 대한 열정, 사영리, 복음으로 무장한 젊은 단체의 통 큰 행정을 체득할 수 있었습니다. 또한 JOY선교회를 통해서는 철저한 구원 확신의 점검과 성도들이 나누는 영적 교제의 능력을 배울 수 있었습니다.

교회가 각 선교단체들의 장점을 도입하여 내부에 잘 적용할 수만 있다면 보다 밝은 미래를 맞이하게 될 거라고 확신합니다. 이른바 'Para Church의 in Church화'라고도 할 수 있을 것입니다. 당시 교회 밖 선교단체가 한국교회 젊은이들에게 좋은 영향을 끼친 것은 누구도 부인할 수 없는 사실입니다. 특별히 저는 합동신학교의 송인규 목사님으로부터 많은 도움을 받았습니다. 다음에 소개되는 몇 가지 내용들은 당시에 썼던 졸고로서, 'Para Church의 in Church화'에 대한 저의 생각입니다.

바람직한 대학부상 : 사람을 키우는 일

무척 어려운 내용이지만 몇 가지 파악해야 할 문제를 개괄식으로 써 내려가본다. 이 글은 원고 내용대로 다 실천해서 쓴 것이라기보다는 이렇게 실천하면 주님께서 크게 기뻐하시리라는 소망과 확신을 갖고 쓴 것임을 미리 밝히는 바이다.

대학부, 무엇이 문제인가?

"어느 대학부가 성공했다더라" 하는 말에 많은 대학부 지도자들은 귀를 기울이며 성공의 개념을 확실히 파악하지도 못한 채 성공에 집착하려는 경향이 많다. 성공의 요소는 어떤 것일까? 인원의 양적 팽창과 재정의 풍성함 등 외적 요소가 얼른 떠오르는 것이 오늘의 현실인 것 같다. 그러나 100명, 200명이 모이고 대학부 일 년 예산이 천만 원, 이천만 원이라고 해서 마태복음 28장에 언급된 '주님의 지상명령'을 이룰 수 있는 것은 아니다. E.M.바운즈의 "사람이 하나님의 방법이다"라는 말을 인용하지 않더라도, 한두 명이 모이는 대학부일지라도 한 알의 사과씨에서 수백 개의 사과를 보는 눈을 가진 '일꾼 한 명을 만드는 것'이 대학부 최선의 성공임은 주지의 사실이다.

일꾼이란 무엇인가?

일꾼은 먼저 말씀, 기도, 교제, 증거를 통하여 하나님과 일대일의 인격적 교제를 최우선순위에 두는 사람이어야 하며, '제자도'와 주재권

(Lordship)의 바탕 위에서 일꾼을 재생산하려는 비전을 가지고 살아가는 사람이어야 한다. 이것은 어떤 선교단체의 전도 설교에만 국한되는 것이 아니다.

사실, 오늘날 한국교회 대학부에는 사업과 행사를 치르는 데 봉사하는 일꾼이 많다. 그러나 사람을 제자로 삼는 일꾼은 없다. 엄밀한 의미에서 사람을 재생산하지 않는 일꾼은 진정한 의미의 일꾼이 아니다. 영적 성장은 재생산에 참여함으로써 더욱 가속화되고 어떤 의미에서는 제 길을 찾게 되는 것이다. 재생산에 참여하지 않는다면 아직도 참된 일꾼이 되지 못했다는 뜻이다.

어떻게 일꾼을 키울 것인가?

우리는 '어떻게'(How)라는 방법에 너무 집착하여 빠른 시간 내에 지름길을 발견하려고 노력한다. 그러나 지름길은 실패했다. 우리가 분명히 알아야 할 사실은, 일꾼을 키우는 데 시간이 필요하고 돈이 필요하다는 사실이다. 값을 치르는 삶과 인격의 투자 없이는 일꾼이 키워지지 않는다. 일꾼을 키우는 데에는 한 지도자의 목회 실험이 아니라 대상에 대한 진정한 인격의 섬김이 선행되어야 하는 것이다(딤후 2:2).

이러한 일꾼은 양육을 통해 생명을 아끼는 열정이 닦여진다. 또한 훈련을 통해 인생 최대의 열매 맺는 삶이 무엇인가를 파악하는 비전과 인격과 인격의 맞부딪힘 속에서 다른 사람을 세우는 기술을 소유하게 된다.

실제적 제안

첫째, 일꾼을 삼는 내용(양육)을 모르고 프로그램이 없다고 탓하기 전에 먼저 하나님께 이 모든 문제를 놓고 기도하라. (매일 기도제목을 구체적으로 적어 '기도카드'를 발행하면 큰 유익이 있음) 그러면 하나님께서 어떠한 방법을 통해서든지 길을 열어주실 것이다.

둘째, 어떤 지도자가 대학부를 담당하든 간에 변함이 없도록 사람을 키우는 일(양육)에 대한 장기적인 마스터플랜이 필요하다. (특히 성경 공부, 수련회, 리더 훈련계획, 양육을 위한 행정조직 등)

셋째, 사람을 키우는 일에 관한 책을 읽어야 한다. 무식으로 인해 저지르는 실수는 참 크다. [적어도 《주님의 전도 계획》(생명의 말씀사), 《새신자 양육의 원리와 방법》(요단출판사), 《새신자 양육의 원동력》(요단출판사), 《*Disciples are made not born*》(Victor Books), 《*The lost art of disciple marking*》(Zondervan), 《*Successful Discipling*》(Moody press) 등의 내용은 파악하고 있어야 할 것이다.]

넷째, 대학생 선교단체(IVF, 네비게이토, CCC, JOY 등)와 진심 어린 교류를 갖고 그들을 지원하며 도움을 얻으라. 즉, 마음먹고 헌금하고 파송해서 배우도록 해야 한다. 물론 이러한 선교단체에 문제가 전혀 없는 것은 아니지만 복음, 양육, 확신, 비전에 관한 한 배울 것이 아주 많다.

다섯째, 간곡히 말하건대 숫자에 신경을 쓰지 말아야 한다. 주님 앞에서는 충성된 일꾼 열두 명이 더 중요하다.

여섯째, 형제자매들의 눈을 폐쇄적인 데서 해방시켜주어야 한다[주님의 시각(마 9:35-38)에 초점을 맞추도록]. 왜냐하면 땅 끝까지의 비전을 품으면 그 비전에 합당한 그릇이 만들어지기 때문이다.

일곱째, 이 모든 것 위에 형제를 위해 깨어지는 삶인 '사랑의 팀워크'를 이뤄야 한다. (세족식을 통해 서로의 발을 씻기고 울어보면 알게 된다. 사랑이 동기가 되면 이상하게도 모든 것이 잘 해결된다.)

종합

◆ **비전 실현의 교회 정착화**: 우리는 이 일을 교회 내에서 이뤄야 한다. 즉, 이제는 교회가 눈을 떠서 교회 밖 선교단체의 장점들을 교회 내 대학부에서도 흔쾌히 받아들여야 할 것이다(단, 순수 복음 개혁주의에 기초한 올바른 교회관에 입각해서). 그렇게 했을 때 복음주의 운동도 교회의 영원한 생명력 때문에 한시적인 운동으로만 끝나지 않을 것이다.

◆ **훈련의 집중화**: 장기적 시야를 지니고 일꾼 배가를 위한 철저한 훈련이 필요하다.

◆ **캠퍼스와 직장 사역의 활성화**: 이론적인 사역이 아니라 실제 사역의 장에 뛰어들어서 각 교회별로 특징 있게 정상적인 캠퍼스 라이프가 무엇인지 제시해주어야 한다.

◆ **영성을 지닌 학문 창조**: 지교회 대학부에 소속된 형제자매들이 신앙과 학문의 관계를 바르게 정립할 수 있도록 도와야 한다. 또한 전공 공부에 많은 시간을 투자하도록 유도하고, 효율적 시간 사용을 위한 교훈이 필요하다.

◆ **섬기는 삶의 구체화**: 그리스도인들끼리 사랑의 팀워크를 이루도록 섬기는 프로그램을 개발한다. 형제를 위해 깨어지는 삶이 무엇인지 알게 하고 이러한 사랑의 훈련이 인격화하여 나타날 때 놀라운 결과를 기대할 수 있다.

분명한 것은 우리가 살고 있는 이 세상은 안식처가 아니라 영적인 훈련도장임을 기억해야 한다는 점이다. 그렇게 해야 이 모든 일을 감사함으로 감당할 수 있다. 그리고 지교회 대학부 형제자매들에게 좀 낯선 용어인지 모르지만 '순수 복음 훈련'을 시켜야 한다.

흔히 대학생들은 이론적이고 신학적으로 심오한 내용을 다루어야 지성인답다고 생각하여, 대학생 모임이면 으레 유명 강사들의 특강이 있고 현학적인 토론이 오고가지만, 이것보다 우선되어야 할 것은 성경공부(Bible Study)를 통한 철저한 성경 말씀의 생활화다. [이를 위해서는 Quiet time(경건의 시간), First Priority(그리스도를 첫 자리에 모시려는 마음), Memory(성경 암송, 전도법) 등의 훈련이 필요하다.] 이렇게 하면 확신에 찬 생명력이 꿈틀거리게 되고 또 그 생명력이 있는 곳에는 고기가 모이게 마련이다!

그러나 하나님 앞에서 어떤 교회, 단체 신학도 완벽하다고 말할 수 없듯이 지금 생각해보면 당시 선교단체들은 교회론과 성령론에 관련하여 신학적으로, 또 실제 적용 면에서 깔끔하게 정리가 되어 있지 못해 약간 혼란스러웠습니다. 그러니 그런 이론을 도입해서 성공을 거두기까지는 정말 많은 시행착오를 겪어야 했습니다. 그러나 시행착오를 두려워하기보다는 일단 덤벼들었습니다. 용기 있다 못해 겁이 없던 시절이었습니다.

이때 제 사역의 방향에 결정적인 영향을 주는 큰 사건이 일어나게 됩니다. 강원도 예수원에서 겪은 체험입니다.

새 포도주는
새 부대에

어느 시대든 시대를 분별하는 안목이 있어야 그다음에 마땅히 행할 일들, 즉 적용 문제가 해결됩니다. 그처럼 초대교회 때부터 지금까지의 교회사를 돌아볼 때마다 늘 중요하게 생각하는 것이 있습니다. 바로 '진리 자체는 변함이 없지만 진리를 담는 그릇은 늘 새로워져야 한다'는 사실입니다.

진리를 담는 그릇, 소위 마태복음 9장 17절에 나오는 말씀처럼 "새 포도주는 새 부대에" 넣는 패러다임 전환을 계속하지 않으면 지상의 교회는 어떤 교회라도 도태되고 말 것입니다. 우리가 이미 알고 있는 것처럼, 100년 역사를 가진 교회는 있어도 100년 동안 영향을 미친 교회는 없습니다.

영국의 스펄전 목사님이 목회하시던 교회를 그 예로 들면, 100여년 전 그 교회(메트로폴리탄 태버너클)는 그야말로 전 세계에서 제일 좋은 교회, 제일 훌륭한 목회자, 제일 좋은 건물 그리고 제일 좋은 회중들로 알려져 있었습니다. 그런데 1995년에 가보니 주일예배 참석자가 고작 78명이었습니다. 왜 그렇게 되었을까요? 런던도 바뀌고 런던에 사는 사람들도 바뀌었지만 교회만은 바뀌지 않았기 때문입니다.

그런 의미에서 우리는 '성령운동'이라는 또 하나의 패러다임에 주목해야 합니다. 20세기 말, 교회에 임한 특별한 은총의 하나가 캘리포니아의 아주사Azusa 지역에서 시작된 오순절 운동이 아닙니까? 21세기에는 말씀 사역을 통한 인격적 성장, 즉 건강한 제자훈련과 성령운동, 이 두 가지의 균형을 잘 이루어나가는 것이 바람직한 교회 성장의 길이 될 것입니다.

함께 섬기던 대학부 형제들과 강원도 태백의 예수원에 가서 대천덕 원장의 삶을 접할 기회가 있었습니다. 이때의 경험은 제게 큰 도전을 주었습니다. 그분은 제가 지금까지 살아왔던 삶의 여정과는 전혀 다른 삶을 살고 계셨습니다. 그 외진 곳에서 박한 음식만 먹고 살면서도 이 나라와 굶주리고 소외된 사람들을 품고 기도하는 모습은 정말 큰 충격이 아닐 수 없었습니다. 믿음의 크기가 다르다는 말이 무슨 뜻인지 그분을 보며 통렬히 느꼈습니다.

밭일을 하다가 갑자기 비가 내리니까 "하나님, 비가 오지 않게 해주세요" 하는 말도 안 되는(?) 기도를 하는데 정말 비가 뚝 그치는 것이었습니다. 정말 놀라운 일뿐이었습니다. 저는 그런 광경들을 보며 한마디로 숨이 멎는 것 같았습니다. 거기서는 모든 일을 성령님께 철저히 의지하고 있었습니다. 병에 걸려도 기도로 치유하고, 누구를 만나러 가면서도 성령님을 의지하고 도움을 요청했습니다. '뭐, 이런 세계가 있을까?' 싶으면서도 정신이 번쩍 들었습니다. 그들은 성령 골수분자 같았습니다.

철저하게 성령을 의존하는 예수원 사람들의 생활을 보며 평소에 믿어왔던 신앙 세계와는 질적으로 다른 세계가 있다는 사실에 눈을 뜨게 되었습니다. 물론 지금도 대천덕 원장의 성령론에 다 동의하는 것은 아니지만 그분의 삶과 성령의 능력이 실체화 되는 것을 보면서 저절로 머리가 숙여졌습니다.

그러자 성령의 은사를 사모하는 마음이 생기고 구체적으로 은사를 받는 등 성령의 폭발적인 사역에 대해서 서서히 관심을 갖게 되었습니다. 영혼 구원을 생각할 때마다 처절한 심정이 들었고, 복음 전도에 관한 한 가슴이 뜨거워져서 견딜 수 없는 사람이 되었습니다.

큰 은혜를 경험하고 곧바로 노방전도에 나서서 찬송을 부르거나 병원 전도를 했습니다. 버스나 전철에 올라 전도지를 나눠 주다가 통일교 신자들과 맞붙기도 했습니다. 한번은 성북경찰서에 잡혀간 일도 있었습니다. 불법 전단을 배포했다는 죄목이었습니다. 이처럼 경찰서에 억류되기도 했지만 마음 가운데 늘 주님이 주시는 성령의 뜨거움이 있었기에 복음 전도에 대한 열정이 식지 않던 시절이었습니다.

병원 전도를 통한
하나님의 훈련

　　대학 시절 제가 받은 큰 복 가운데 하나는 내수동
교회 대학부를 섬기면서 좋은 사람들을 많이 만났다는 사실입니다.
하나님의 사람들이 의기투합해서 만나게 되자 우리 가운데서 '전도'
의 열정이 불타오르기 시작했습니다. 1982년 미국으로 건너가기 전
까지 '병원 전도'에 매달렸던 것은 그때의 열정이 사라지지 않고 지
속되었다는 증거일 것입니다.

　　총신대학원에 들어가기도 전에 박희천 목사님의 추천으로 대학
부 지도간사에 임명된 저는 간혹 부산 부모님 집으로 내려갈 때를
제외하고는 매주 병원 전도를 했습니다. 당시 용산의 철도병원에
서 전도했는데 매 주일 새벽 4시에 나가서 5시에 도착하면 1시간 동
안 찬양을 연습하고, 6시부터는 아카펠라 찬송으로 병원을 돌며 복
음을 전했습니다. 아픈 사람이 있는 곳일수록 조용한 분위기 속에서
사람의 심정을 사로잡고 늘 은혜가 물밀 듯 몰려올 수 있도록 기도

하는 마음으로 찬송을 했습니다.

"내 영혼의 그윽이 깊은 데서"부터 시작해서 "내 평생에 가는 길", "주 안에 있는 나에게", "저 장미꽃 위에 이슬"과 당시 주제가였던 찬송가를 불렀습니다. "너희 마음에 슬픔이 가득할 때 주가 위로해주시리라 아침 해같이 빛나는 마음으로 너 십자가 지고 가라 참 기쁜 마음으로 십자가 지고 가라 네가 기쁘게 십자가 지고 가면 슬픈 마음이 위로 받네"(새찬송가 458장). 이처럼 고요하면서도 사람의 영혼을 흔들어 깨우는 찬송을 한 시간 동안 부르고 그 후 두 시간 동안 병실에 들어가서 찬송하고 기도하며 환자들을 격려했습니다. 그렇게 모든 병실을 한 번씩 찾아갔습니다.

병원 전도를 하는 시간을 통해 한 가지 깨달은 사실은 전도를 통해 많은 영혼들이 하나님 앞에 돌아오는 역사와 더불어 무엇보다 큰 은혜를 받는 쪽은 역시 전도하는 사람들이라는 것이었습니다. 저는 아카펠라 찬송을 부르며 전도를 하면서 얼마나 마음 깊이 하나님의 사랑과 평강과 은혜에 젖었는지 모릅니다. 우리를 향한 하나님의 긍휼하심과 은혜가 얼마나 큰지 충분히 헤아릴 수 있는 시간들이었습니다.

또 하나 하나님께서는 그 시간을 통해 사람들의 마음을 여는 비밀을 깨닫게 해주셨습니다. 당시 철도병원에는 외과 환자들이 많았습니다. 기차에 치여 팔다리가 잘린 사람, 양다리를 잃은 사람 등 가난하고 비참한 환자들이 무척 많았습니다. 어떤 사람들은 인생을 비관하고 좌절한 나머지 하나님께 삿대질하고 욕하고 원망하기도 했습니다. 그런 사람들의 마음을 얻는 법을 터득한 것입니다. 그것은 바로 찬양임을 깨달을 수 있었습니다.

하나님께서 오히려 제게 힘을 주신 시간들이었습니다. 하나님 외에 희망을 가질 수 없는 사람들에게 맞는 성경 구절이 무엇인지, 어떤 메시지가 필요한지를 감각적으로 익혀나갔습니다. 젊은 날에 전도에 대한 열정과 영혼에 대한 사랑을 키워나갈 수 있었던, 참으로 감사한 시간이었습니다.

교회 개척 초기에 잦은 심방과 전도를 은혜 가운데 잘 감당해 어르신들로부터 나이 든 사람들의 심정을 잘 이해하고 어루만져준다는 격려를 들을 때마다, 대학부 시절 용산 철도병원에서 전도 사역을 하면서 환우들과 육신의 아픔을 함께 나누었던 경험이 떠오릅니다. 주님의 몸 된 교회는 받은 은혜를 반드시 소외된 사람들을 향하여 나누고 섬겨야 든든히 서게 된다는 것을 몸으로 체득하는 은혜를 누렸던 기간이었습니다. 당시 철도 병원에서 함께 전도하던 형제가 대학부 주보에 실은 글을 소개합니다.

철도병원에서 생긴 일

철도병원에 갔을 때 어린 신앙으로 "저 형제는 신앙이 좋은데 왜 병원 전도에 나오질 않지?" 하며 나름대로 남의 신앙을 판단했다. 정작 나 자신이 그동안 철도병원에 가지 않은 이유는 첫째, 시간 투자의 어려움이었다. 즉, 주일 아침 6시부터 시작하는데 '앞으로 주일마다 계속 그렇게 할 수 있을까?' 하는 부담감 때문이었다.

하지만 사도행전 QT를 하다가 말씀의 뜻을 깨닫고 몇 주 전부터 철도병원에 나가게 되었다. 그리고 그것이 결코 부담감이나 손해가 아니고, 은혜이며 감사임을 첫 시간부터 깨달았다. 또한 내가 경험한 작은 사건을 통해서 깨달음과 함께 말씀의 뜻을 깊이 느끼게 되었다.

3월 14일 주일. 2층 병동에서 금필이라는 자매의 편지가 우리들에게 전달되었다. 그 편지의 내용인즉 자기는 고아이며 나이는 17세, 당뇨병 환자이고 고아원에 돌아갈 차비도 없다는 내용이었다. 안타까운 마음이 들어 한 형제와 함께 찾아가보니 편지 내용대로 그 자매는 당뇨병을 앓는 고아였고 표정은 딱딱하게 굳어 있었다.

그 자매 곁에는 인상이 별로 좋지 않은 아저씨 한 분이 계셨다. 벌써 2개월째 자매의 보호자 역할을 하고 계시단다. 원래 부산에 사시는 분인데 자매가 당시 부산에서 고아원을 나와 당뇨병으로 쓰러졌을 때 시립병원에 입원시켜준 것을 인연으로 만나게 되었다고 했다. 이후 자매가 몸을 의지할 곳이 없자 서울에 가서 식당 주방에라도 취직을 시켜보려고 완행열차를 타고 함께 서울로 오던 중 기차 안에서 쓰러진 자매를 철도병원에 입원시켰다는 것이다. 뿐만 아니라 부인의 오해와 주변의 만류에도 지금껏 간병을 하고 계시다는 이야기였다.

우린 기도를 드리고 주의 이름으로 얼마의 격려금을 전달하고 돌아왔다. 그런데 일주일 후 다시 그 아저씨로부터 전화가 왔다. 병원에 가서 사정을 들어보니 보통 딱한 처지가 아니었다. 병원비를 마련하지 못해 2개월간은 병원의 배려로 간신히 지내왔는데, 이제는 퇴원하라는 요청이 들어왔단다.

오갈 데 없는 이 두 사람. 궁리 끝에 기도원에 금필 자매를 맡기고 아저씨는 부산에 가서 돈을 마련할 계획이라는 것이다. 그러나 그간 자매에게 필요한 돈이 문제였다. 자매는 당뇨병으로 인해 면역력이 거의 없는 상태이며, 기초 치료약을 계속 복용해야 하는 상태였다. 주님 안에서 평안과 하나님의 사랑을 깊이 깨달을 만큼 신앙이 돈독하지는 않았지만 마음은 순수한 자매였다. 그러나 내일을 기약할 수 없는 절박한 상황에서 삶을 거의 포기한 것 같았다.

그 아저씨는 금필 자매를 보살펴 신앙을 갖게 하고, 자매가 잘되는 것을 보람으로 삼겠다고 하실 만큼 인간적이고 양심적인 분이었다. 알고 보니 그분도 크게 아팠던 적이 있었다.

그래서 사정을 들어본 다음 전도사님의 협조를 얻어 약값과 기도원 식사비에 보태라고 약간의 돈을 전달했다. 처음에는 '이게 잘하는 일인가? 혹시 속은 것은 아닐까?' 하는 의심을 가지기도 했지만 어쨌든 주님께 맡기기로 했다. 그런데 그 아저씨를 만나 이야기를 듣고 나서는 '잘한 일이구나' 하는 생각이 들었다.

아저씨는 2개월간 병원에 있으면서 여러 전도팀들에게 복음을 들었다. "예수 믿고 구원 얻으세요" 하는 말도 듣고 전도지를 읽기도 했다. 그러나 아저씨의 머리에는 현실의 문제가 더 급하게 다가왔다. 가장으로서의 위치와 병들어 죽어가는 금필 자매의 문제가 암담했기 때문에 신앙을 현실의 잣대로 판단하게 되었다. 아저씨는 "예수님은 당신을 사랑하십니다"라는 말이 공허하게 들려왔다고 솔직하게 고백하면서도, 자신과 금필 자매도 올바른 신앙을 갖도록 최선을 다하겠다는 다짐을 하셨다.

여기서 야고보서 2장 15-17절 말씀이 떠올랐다. "만일 형제나 자매가 헐벗고 일용할 양식이 없는데 너희 중에 누구든지 그에게 이르되 평안히 가라, 덥게 하라, 배부르게 하라 하며 그 몸에 쓸 것을 주지 아니하면 무슨 유익이 있으리요 이와 같이 행함이 없는 믿음은 그 자체가 죽은 것이라."

역시 그리스도의 복음은 말로만 전달되는 것이 아니라 삶 전체를 통해 전달되며, 복음을 전할 때는 말과 행동이 동시에 필요하다는 사실을 다시 한 번 깨닫는다.

나 자신도 예수님의 사랑을 행함과 진실함으로 해야 한다는(요일 3:18) 말씀을 마음속 깊이 새기면서, 사랑에는 수고가 필수적으로 따른다는 것을 배웠다. 또한 나의 부족한 믿음에 부끄러움을 느끼며 시작한 철도병원의 조그만 섬김을 계속 이어가겠다고 다짐했다.

우리를 거꾸러뜨린
송추 수양회

　　1978년, 평소 존경하던 옥한흠 목사님께서 미국 생활을 마치고 한국에 나오셨다는 소식을 듣게 되었습니다. 저는 이것저것 따져볼 겨를도 없이 서둘러 옥 목사님을 모셨습니다. 그래서 목사님은 귀국하신 지 일주일 만에 내수동교회 집회에 오셨습니다. 7월 17일부터 21일까지였는데, 그때가 옥 목사님이 강남에서 개척교회를 열기 바로 일주일 전이었습니다. 얼마나 경황이 없으셨을까 생각하니 초청해놓고서도 한편으로는 죄송한 마음이 들었습니다. 그러나 흔쾌히 수락해주신 옥 목사님은 46명의 청년, 대학생들을 향해 집회 기간 내내 강력한 메시지를 전하셨습니다. 어찌나 은혜로운 시간이었던지, 지금도 그때를 떠올릴 때마다 가슴이 뜨거워지곤 합니다.

　　당시에 그 집회에 참석했던 대학생들을 소개해보면 할렐루야 교회 수석 부목사인 이성주(현 볼티모어 하늘문교회 담임), 강남교회 담임 목사인 송태근(현 삼일교회 담임), 미국 트리니티 신학교에서 박사학위를 받고 사역 중인 황원선(현 백석대 교수), 대전 새로남교회 담임목사인 오정호, 국방대학원 교수인 이상진, 한양대 교수 정규선, 연세대 교수 박진수, 치과의사 고준원, 미국에서 목회하는 임태호 등입니다.

뿐만 아니라 그때 참가자들 거의 전부가 선교사, 목사, 사모로 헌신하여 세계 곳곳에서 하나님의 사람으로 살아가고 있습니다. 제 아내 역시 그 46명의 송추 멤버 가운데 한 사람입니다. 옥 목사님은 그 수양회에서 유학 중에 보고 경험한 영적 핵심, 감각, 비전들을 한꺼번에 다 풀어놓으신 것 같았습니다. 그때 선포된 내용들이 한국교회 평신도 사역에 한 획을 긋지 않았나 싶을 정도입니다.

첫날 설교 본문은 요한일서 1장 1절부터 3절까지의 말씀이었습니다. "태초부터 있는 생명의 말씀에 관하여는 우리가 들은 바요 눈으로 본 바요 자세히 보고 우리의 손으로 만진 바라 이 생명이 나타내신 바 된지라 이 영원한 생명을 우리가 보았고 증언하여 너희에게 전하노니 이는 아버지와 함께 계시다가 우리에게 나타내신 바 된 이시니라 우리가 보고 들은 바를 너희에게도 전함은 너희로 우리와 사귐이 있게 하려 함이니 우리의 사귐은 아버지와 그의 아들 예수 그리스도와 더불어 누림이라."

"생명과 교제, 기쁨"이라는 제목 앞에 우리 모두는 눈물로 회개하고 은혜 받고 거꾸러질 수밖에 없었습니다. 그야말로 대성통곡의 현장이었습니다. 그 이후 내수동교회 대학부가 복음 앞에 확 거꾸러졌다는 생각이 들 정도로 그 집회는 하나의 전환점이었습니다. 그동안 지었던 죄를 다 고백하고, 전도하러 나가라고 하지도 않았는데 자발적으로 전도하러 나가는 성령의 역사가 일어났습니다. 그때 우리끼리 통하던 유행어가 "형님의 인격이 어떻든지 끝까지 사랑하겠습니다"였습니다.

집회에 참석했던 46명 전원이 헌신했습니다. 모두 한마음으로 "우리 이러지 말고 이제 정말 제대로 된 복음 전도를 시작하자" 하며 비상벨을 울렸습니다. 그러고는 9월 25일에 있을 '925 생명·교제·기쁨의 날'을 향해 총력을 기울였습니다. 눈만 뜨면 전도, 눈만 뜨면 '925 생명·교제·기쁨의 날'이었습니다. 그런데 불과 두 달여 만에 우리의 헌신이 값진 열매로 나타나 은혜가 쏟아졌습니다.

1978년 9월 25일. 잊을 수 없는 날입니다. 당시만 해도 대학생이 전국에 걸쳐 10만 명도 채 안 될 때인데 46명의 대학생들이 청년 500명을 데려왔다는 사실이 얼마나 감격스러웠는지….

우리가 매일 "영적인 비상을 선포한다" 하면서 무조건 하루에 한 번씩은 교회에 들러 기도하고 그날을 준비했지만 그렇게까지 풍성한 열매가 있을 줄은 예상하지 못했습니다. 감격, 또 감격 속에서 그날 행사를 오후 2시부터 저녁 10시까지 저녁밥을 지어 먹어가면서 진행했습니다. 그 결과 결신자가 40~50명 정도 나왔고, 연말에 이르러서는 대학부 인원이 총 100명으로 늘어났습니다. 4~5개월 만에 100퍼센트 성장한 셈입니다.

그때 내수동 대학부에서 함께했던 형제자매들은 참 멋진 사람들입니다. 어떤 형제는 이 크고 아름다운 복음잔치를 위해 애쓰다가 지나치게 무리한 나머지 몸에 이상이 생겨 겨울 내내 고생했지만, 그것을 오히려 훈장처럼 생각하고 자랑했습니다. 전에 없던 대규모의 물량 작전을 폈다는 점도 이 복음잔치를 성황리에 마칠 수 있게 한 원동력이었지만, 더 중요한 사실이 있습니다. 이 잔치의 준비를 기점으로 영적인 건강에 바탕을 둔 영혼 사랑이 대학부 리더들 사이에서 싹트고 형제자매들에게 인식되었다는 것입니다.

당시 대학부에는 발군의 스타가 많았습니다. 그들은 사역을 할 때 큰 역할을 담당했습니다. 중창팀 'The Disciples'는 시간에 쫓겨 일주일밖에 연습을 못 한 채로 무대에 올랐지만 그들의 찬양은 엄청난 감동을 주었습니다. 찬양팀 중에서 세컨드 베이스를 맡은 조현직 형제는 무대에 올라오자마자 "성령께서 내게 E코드를 치게 하셨습니다"라고 말하더니 눈물을 삼키며 "오 주여"라는 자작곡을 불렀습니다. 이 대목에서 모든 사람이 흐르는 눈물을 닦느라 손수건을 꺼내야 했습니다.

꼭 언급하고 싶은 사람이 있었습니다. 바로 임태호 형제입니다. 사회자가 그를 이렇게 소개했습니다. "여기 지체들 중에 내일모레면 미국으로 건너가 공산권 선교의 비전을 실현할 형제가 있습니다." 형제는 소개를 받으며 앞으로 나와서는 기타 반주에 맞춰 찬양을 했습니다. "나 이제 주를 위해 살리라 선교사로 살리라 죽기까지 살리라." 장내가 숙연해지면서 말할 수 없는 감격이 밀려왔습니다. 지금도 잊히지 않는 영광과 감격의 순간이었습니다.

그 후로도 3년 동안 옥 목사님은 내수동교회 대학부의 여름과 겨울 수양회가 있을 때마다 오셔서 말씀을 전해주셨습니다. 또한 중간중간에 홍정길 목사님과 이동원 목사님을 초청하여 영적이고 힘 있는 말씀을 듣기도 하면서 내수동교회 대학부는 내적으로 활발하게 성장해나갔습니다.

게다가 담임목사이신 박희천 목사님의 적극적인 대학부 지원이 우리에게는 너무도 큰 힘이 되었습니다. 당시만 해도 청년·대학부를 후원하며 격려를 아끼지 않는 목회자를 찾아보기 어려운 시절이었는데, 박 목사님은 미래를 내다보며 우리를 무척 아끼고 사랑해주셨습니다. 저는 박 목사님을 통해 많은 것들을 배우면서 어느 지면엔가 다음 글을 실은 적이 있습니다.

전담 지도자이거나 평신도 지도자이거나 교회는 지도자 문제로 고민한다. 이 고민을 해결하는 사령탑은 당회다. 적어도 개교회에서 당회의 권한은 절대적이다. 당회장과 당회원의 '사람'에 대한 시야가 교회 전체의 영적, 행정적인 면을 좌우한다. 분명한 것은 당회의 성숙을 평신도들의 성숙이 능가하지 못한다는 점이다.

대학생들에 대한 어른들의 잘못된 선입관은 대학부의 영적 성장에 치명적인 영향을 끼친다. 내 교회에서 주님의 신실한 일꾼이 배출되기를 진심으로 원하는가? 그렇다면 대학부 지도자 정책을 위하여 투자해야 한다. 재정적인 면도 물론이거니와 끊임없는 신뢰의 박수를 보내야 한다. 많은 대학부 지도자들이 당회와 갈등을 겪으라 정작 대학부 형제자매들에게 쏟아야 할 힘을 낭비하고 있는 현실이다. 안정된 지도자를 3년 이상 대학부 사역에만 전담하게 해야 교회를 위하여 충성하는 평신도 지도자들이 배출될 것이다. 인내하는 당회가 되어야 열매가 있다.

이런 이유로 내수동교회 대학부는 다른 교회에서 지도자로 사역한 경험이 있는 사람보다는 본교회 대학부에서 훈련받은 사람을 세웁니다. 그렇게 내수동교회 대학부는 청년 사역의 튼튼한 영적 줄기를 이어가고 있습니다.

누가 잊을 수 있겠는가? 송추 수양회를 통해
우리는 구원의 확신을 굳건히 했으며
세계를 품는 사역자로 성장할 삶의 실마리를 잡았다.
정장 차림으로 의자에 앉아 계신 분이 강사이셨던 옥한흠 목사님,
가장 왼쪽에 앉아 있는 청년이 당시 리더였던 나.

물 좋고
정자 좋은 곳

　　청년들이 가끔 배우자에 관한 상담을 해올 때마다 미래의 아내가 어떤 사람일지 몽타주를 그리며 꿈을 갖고 기다리라는 말을 해줍니다. 저 역시 그런 꿈을 갖고 배우자에 대한 몽타주를 그리던 시절이 있었습니다. 저는 무엇보다 저랑 꿈이 같은 자매와 결혼하고 싶다는 바람이 있었습니다. 예를 들면 똑같이 예수를 믿어도 이웃에게 집을 공개하려는 사람이 있고 그냥 식구끼리 아기자기하게 살려고 하는 사람이 있는데, 저는 언제나 주님을 섬기려면 집을 공개해야 된다는 입장이니 이런 면에서 사소한 꿈까지 같았으면 좋겠다는 생각이었습니다.

　　배우자에 대한 두 번째 바람은 마음이 넓고 이해심이 많으면 좋겠다는 것이었습니다. 제가 목회를 하느라 행여 가정에 소홀할 때가 있더라도 너그러운 마음으로 이해해줄 수 있기를 바랐기 때문입니다. 세 번째는 지혜로운 자매를 원했습니다. 사역자 집안에서 자녀

교육을 잘못하여 온 교회의 짐이 되는 것을 보았기 때문입니다.

그런데 어릴 때부터 할아버지께서는 늘 제게 "애야, 물 좋고 정자 좋은 곳은 없느니라" 하고 말씀하시곤 했습니다. 다 갖춘 사람은 없다는 할아버지의 말씀대로 배우자에 대해서도 지나친 욕심을 가져서는 안 되는데 저는 그 세 가지만은 고집을 부리며 기다렸습니다. 그러던 어느 날 아내를 만나게 되었습니다. "물 좋고 정자 좋은 곳이 없다"는 할아버지 말씀에 어긋날 만큼 여러모로 제게 넘치는 사람이었습니다.

1978년 3월이었습니다. 대학부의 한 자매가 어떤 자매를 교회로 데려왔습니다. 그런데 그녀를 보는 순간 저는 첫눈에 바로 '저 자매다!' 하는 느낌이 강하게 들었습니다. 우리의 연애는 바로 시작되었습니다. 실은 당시까지만 해도 대학부 내에서 이성교제가 금지되어 있었습니다. 왜냐하면 우리가 늘 외쳤던 것이 "감동을 주는 사역을 하자"였는데 그러기 위해서는 이성교제에 대한 세상적인 습관과 사고방식을 버려야 하고, 교회에 젊은 남녀가 모여서 연애만 한다는 소리를 들어서는 안 되기 때문이었습니다.

어떻게 보면 다소 율법적일 수도 있으나, 교회의 거룩함을 지키기 위한 일종의 조심스러운 금기였습니다. 그런데 신중히 생각해보니 자매들에 관한 한 그 금기를 풀어줘야 했습니다. 왜냐하면 당시에는 4학년 때까지 교제를 하지 못할 경우 태반이 노처녀가 되어갔기 때문입니다. 그래서 형제는 대학 4학년 이상, 자매는 3학년부터 교제가 허락된다는 규칙을 정하여 시행하기도 했습니다.

저는 3년 동안 아내(윤난영)와 교제한 끝에 비교적 순조롭게 결혼에 골인했습니다. 우리 부부는 박희천 목사님의 주례로 1982년 3월

1일에 CCC 정동채플에서 결혼식을 올렸습니다. 이날 800여 명의 대학생들이 참석해서 우리 부부를 축복해주었습니다. 그리고 지금은 두 자녀를 두고 있습니다. 교제할 때도 그랬지만 아내는 제가 목회하는 데 격려와 큰 힘이 되는 가장 가까운 동역자입니다.

대학부에 불어닥친
별 보기 운동

　　내수동교회 대학부에는 한 가지 두드러진 특징이
있었습니다. 바로 봄가을에 있던 '캠퍼스 대심방'이었습니다. 우리
는 박희천 목사님을 모시고 봄과 가을마다 27개 대학을 순방했는데,
그때 각 캠퍼스에 있는 학생회관을 빌려서 기독 학생들이 모여 서로
교제하고, 기도하며 말씀을 나누었습니다. 당시로서는 아무도 꿈꾸
지 않았던 캠퍼스 심방을 박 목사님은 주저 없이 감행하시면서 많은
눈물을 뿌리셨습니다. 우리는 그 모임을 통해 캠퍼스 선교에 대한
비전과 꿈을 다시 한 번 회복하고 캠퍼스 곳곳이 주님의 땅임을 선
포하는 작업도 함께 해나갔습니다.

　이런 일들이 이어지면서 1978년과 1979년에는 내수동교회 대학
부에 폭발적인 부흥의 기운이 일어나기 시작했습니다. 그때를 회상
해보면, 당시에는 하나님을 향한 참으로 순수한 열망이 있었습니다.
토요일 오후, 캠퍼스의 낭만, 목가적인 정경 따위의 말들은 모두 한

가로운 소리로만 들렸습니다. 오히려 그런 사람들을 향해 "낭만 그만두고 훈련하자"라고 외칠 정도였습니다. 새벽 별을 보며 나와서 밤하늘 별을 보고 들어갔습니다.

주일 역시 마찬가지였습니다. 당시 세종문화회관 뒤에 보면 전자 벽보판 시계가 있었는데 어김없이 밤 10시면 그 앞을 지나던 우리는 "텐, 나인, … 제로, 발사" 하면서 지나다녔습니다. 토요일 오후와 주일 오후는 항상 그랬습니다. 은혜 받은 후 미친 듯이 전도하고 교회와 선교단체를 접목시키려고 동분서주 뛰어다녔습니다. 따지고 보면 지금 우리가 누리고 있는 한국교회의 부흥은 당시의 젊은이들이 피땀 흘려 노력하고 여름마다 산과 계곡에서 기도하고 수양하고 헌신한 결과가 아닐까 생각됩니다. 그 정도로 순수하고 열심이 있었던 시절이었습니다. 그때 가졌던 뜨거운 열정에 대한 글을 소개합니다.

Do You Love Me?

"세 번째 이르시되 요한의 아들 시몬아 네가 나를 사랑하느냐…"(요 21:17).

7회 수련회가 송추 천우사 기도원에서 4박 5일간 열렸다. 위의 주제에서도 알 수 있듯이 좀 유별난 주제를 내걸고 물이 차고 공기 좋은 곳에서 열린 신앙 대제전은 감히 누구도 상상하지 못했던 내적 응집력의 껍질을 벗기며 서서히 타오르고 있었다. 주 강사는 옥한흠 목사님으로, 목사님을 우리와 연결시켜주신 하나님께 우리는 진정한 감사 찬송을 하고 있다. 참 좋으신, 살아 계신 하나님을 발견하게 된 뭇 형제자매들과 그 앞에 굴복하고 생애의 헌신을 다짐한 형제자매도 속출했다.

God is do good, He loves me so, I will praise His name….

그 짧은 멜로디 속에 함축된 신앙의 외경이 우리를 놀라게 했고 이후 이 찬송은 대학부의 모든 행사, 집회, 순서의 벽두와 피날레를 장식했다. 'Grand Rapids, Wonderful, Refresh….' 장난을 치기 좋아하는 형제들의 입에 오르내리는 유행어를 낳게도 하시고, 하나님이 위대하시기 때문에 우리도 위대할 수 있다는 값진 교훈을 가르쳐주시기도 하셨다.

목사님은 웨스트민스터 대학에서 박사 과정을 이수하고 계신데 며칠 전 뵈었을 때 내년 한 해 동안은 '합동 측을 중심으로 한 한국교회 대학부의 침체 원인'을 제목으로 박사학위 논문을 써야 하는데 내수동교회 대학부 형제들의 도움을 바란다는 말씀을 하셨다.

사도행전 3장을 본문으로 한 메시지에서 '기적, 창조의 요건 4가지'는 대학부의 추진력으로 계승, 발전되고 있는데 그 4가지, 곧 성령 충만, 중보기도, 사랑의 팀워크, 확신은 참으로 귀한 실천 강령이 되고 있다. 수련회에서는 이때부터 등장한 세족식을 빼놓을 수 없다. 요한복음 13장의 장면을 오버랩시켜서 형제자매들이 작은 것부터 서로 섬김을 실천할 수 있도록 진행했다. 한순간의 감정 때문에 눈물을 흘리는 이들도 있었지만, 이때 실천했던 사랑의 섬김은 수련회의 분위기를 극적으로 고조시켰고 이는 참석자 모두가 두고두고 곱씹는 추억담이 되었다.

우리는 수련회광은 아니지만, 수련회가 획기적이고도 신선한 문제 해결의 광장이며 특별한 팀워크로 연단하게 해준다는 의미에서 수련회를 예찬한다.

생명의 계절송

●

하나님
당신의 생명의 강으로 내가 들어갑니다.
당신의 가슴으로부터 흘러나오는
그 피의 강에
나를 받아주소서.
나의 존재가 녹아내려
당신께서 흘려주신 눈물의 한 방울이 되고자
나의 가슴을
당신의 강에 던집니다.
또 다른
황무지를 적시는 당신의 하류가 되어
영원하신 그 품에 안기어서
넘치는 강물로
흐르고 싶습니다.

1981. 11. 8.

　이처럼 대학 시절 캠퍼스를 돌며 전도하다 보니 '복음은 살아 있어 반드시 역사한다'는 사실을 알게 되었습니다. 공부보다는 전도에 미쳤던 시절이었습니다. 내수동교회에서 대학부를 섬기면서 마음속으로 '캠퍼스 사역만을 위해서 살아야겠다', '젊은이들을 위해서 내 일생을 바쳐야 되겠다'는 결심을 굳히게 되었습니다. 그런 결심들을 영적 스승인 옥한흠 목사님과 이동원 목사님께 말씀드렸더니 그분들께서 "목회자의 길을 가지 않고 한 생애를 캠퍼스 사역에 바친다는 것은 무리다. 현실감이 없다"라고 권유하셨습니다. 이 말씀을 듣고 기도 끝에 뒤늦게 신학 공부를 하기로 결심했습니다.

1980년의 '생명·교제·기쁨의 날' 단체 사진.
1978년부터 해마다 가을에 열린 이 행사는
내수동교회 대학부의 복음 잔치일 뿐만 아니라,
한국교회 대학부에 롤 모델을 제시하는 시간이기도 했다.

꿈이 있는 사람은
성공한다

특별한 사람과 보통 사람의 차이는 그가 가진 재능이라든지 지식의 유무가 아니라 '어떤 꿈을 가지고 끝까지 나아가는가' 하는 것입니다. 그것이야말로 한 인생을 결정짓는 열쇠입니다.

저는 대학부 시절을 통해 이 사실을 철저하게 배울 수 있었습니다. 그때 라브리 운동도 같이 하면서 약 4년간 용산의 허름한 방 세 개짜리 아파트에서 공동생활을 한 적이 있습니다. 참 재미있는 사실은 그 당시 '박사'라고 불렸던 형제들이 지금 모두 박사가 되었다는 것입니다. 황 박사, 이 박사, 정 박사, 고 박사 등등. 그런데 박사라고 부르지 않았던 형제들은 아무도 박사가 되지 않았습니다. 이를 통해서도 꿈에 대한 확신을 굳힐 수 있었습니다. 이것은 제가 미국에서도 젊은이들에게 계속 강조하는 내용입니다.

내수동교회 대학부 시절에는 복음에 대한 꿈이 얼마나 컸는지 모릅니다. 학부 학생 신분이었지만 집회에 초청받아 다니면서 말씀을 전하기도 했습니다. 처음엔 집회 초청을 정중하게 사양했습니다. 그랬더니 서울 장성교회(당시 최홍준 전도사)에서는 일주일 동안 지도자 금식기도까지 했다는 연락이 오기도 했습니다. 그런 상황을 접하면서 하나님의 뜻에 순종하는 마음으로 필요하면 집회에 나가게 되었습니다.

그때 자주 하던 설교는 아브라함 시리즈로, 비전에 대한 설교였습니다. 아마 프란시스 쉐퍼 박사의 영향을 많이 받았던 것 같습니다. 그 당시 우리 대학부는 "프란시스 쉐퍼와 존 스토트 그리고 C. S. 루이스가 쓴 책은 제목도 보지 말고 무조건 읽어라" 하는 말이 유행할 정도로 세 사람의 영향을 많이 받았습니다. 저도 그 세 분의 책이라면 다 읽었습니다. 한국에 번역된 책은 물론이고 영어 원서까지 읽었습니다. 당시 생명의말씀사 영서부의 최고 단골이 우리 대학부 형제들일 정도였습니다.

그렇게 쉐퍼에 심취하다 보니 라브리를 만들고, 라브리 공개강좌까지 열면서 우리의 인격을 다듬기 위해 허름한 아파트에서 4년 동안 공동생활을 했습니다. 그 후로도 프란시스 쉐퍼의 비전에 대한 도전은 저를 떠나지 않았습니다. 그 당시 제가 얼마나 '비전 있는 삶'을 중요하게 생각했는지 1984년 라브리 계간지 여름호에 실렸던 글을 보면 알 수 있을 것 같아 부족한 글을 잠시 소개합니다.

지금 이 시점에서 At this time

1. 한 사람의 시야

보통 사람과 특별한 사람의 차이가 무엇인가? 비전이다. 비전이 있느냐 없느냐에 따라 결정된다고 생각한다. 비전을 갖고 예비하는 삶을 사는 사람과 그렇지 않은 사람의 차이는 너무나 크다. 어차피 우리는 자신의 인생을 선택하여 살 수밖에 없다. 부족한 우리지만 비전이 있기에 살아 있다.

다가오는 1990년대 및 21세기 초의 한국과 한국교회, 아시아의 어려움을 누가 막을 것인가? 지금부터 비전을 갖고 깊이 있게 싸울 날을 위하여 마병을 예비하는 삶을 사는 사람이 아니면 안 된다. 하나님은 준비된 그릇을 쓰신다. 10년 이상을 기도하면서 준비하는 단체가 얼마나 있겠는가? 우리의 준비와 잠재력을 다시 한 번 돌아본다.

생활환경의 어려움 때문에 우리의 비전이 약화되지 않았으면 한다. 하나님은 적은 무리를 쓰셔서 시대를 바꾸지 않았는가? 예수님 시대를 한번 살펴보자. 세상의 눈으로 볼 때 영향력이 미미한 어부들을 앞에 두고 "너희는 세상의 빛이다"라고 하셨다. 그때 말씀을 들은 그들의 감격은 어떠했겠는가? 우리에게도 이런 감격이 있다. 나 같은 자에게 시대를 향한 빛의 사자, 창조적 소수에 대한 비전과 깨우침을 주셨으니….

우리는 모두 무엇을 하는 사람인가? 하나님의 도움만을 받고 그분만을 바라는 사람들이 아닌가? 오직 하나님의 도움만을 받으며 산다고 할진대 소극적이고 연약한 돗자리를 털고 일어나야 한다. 이왕 전염성을 가질 바에는 부정적이고 연약한 것보다 남을 세우고 격려하며 생명을 주는 전염성을 갖자. 우리는 자신의 인간적 지식, 능력의 한계를 너무나 잘 안다. 그러나 나의 꿈은 오직 하나님의 도움만을 받길 원하고 이러한 철학으로 하나님의 일을 하는 것이다. 참된 믿음이란 지적 가르침의 만족 정도가 아니라 우리가 연약할지라도 붙잡히는 것Faith is not taught but caught이다.

2. 아브라함을 통한 교훈

창세기 15장 1-6절을 보면서 좀 더 생각해보자. 여기에서 우리와 성정이 똑같은 아브라함이 어떻게 하나님의 뜻을 이루어드리는가를 볼 수 있다. 앞 장에서 그는 물질의 시험에서 승리했으며, 318명의 기동타격대를 이끌고 조카 롯을 다시 되찾아왔지만 깊은 패배감에 빠져 있었다. 자기는 하나님을 위해 무언가 큰일을 한 것 같은데 눈에 보이는 보상이 없는 것 같았다. (중략)

"아브라함아, 두려워하지 말라 나는 너의 방패다."

어디 이것이 보통 말씀인가? 상급 문제로 절망하고 방 한구석에서 고민하는 아브라함에게 하나님께서 보여주신 비전이었던 것이다,

"하늘의 별을 보라… 네 자손이 이와 같으리라."

지금 당장 자식 한 명도 안 주시면서 하늘의 별을 보고 그것을 셀 수 있느냐 물으시는 것은 너무나 황당한 일 같지만 6절을 보면 아브라함이 이 상황에서 하나님을 믿었다고 했고 하나님께서 이를 의로 여기셨다고 하셨다. 아브라함은 놀랍게도 하나님을 믿었고 그의 형편으로는 도저히 바랄 수 없는 일이지만 하나님의 말씀이니 믿었다. 기적은 이런 데서 일어난다.

우리가 라브리 정신을 실천하는 것도 똑같다고 생각한다. 어떻게 아

브라함이 힘을 얻었는가? 하나님께서 그에게 뭇별을 보라고 했을 때, "제 주제에 뭘…" 하지 않고 광대무변한 우주 속에서 자신의 광대하심, 능력을 친히 보여주시는 그 사랑을 깨달았던 것이다. 이 여름에 우리의 시야를 밤하늘의 별들에 고정시키면서 그분께서 나의 생애에 대한 독특한 계획을 가지신 것을 마음 깊이 깨달아보자.

우리의 힘과 도움이 어디서 오겠는가? 천지를 지으신 만유의 보호자 그분이 아니겠는가? 나 한 개인의 잘됨을 위해서인가? 천만인, 전 세계의 영적 어버이가 되는 이 비전을 못 가질 게 무엇인가? 참으로 예수 그리스도가 하나님이시고, 하나님이신 그분이 날 위해 돌아가셨다면 내가 못 할 일이 무엇이겠는가? 방구석에서 자기연민에만 빠지지 말고 말씀을 통한 이 힘을 우리 모두가 받게 되길 소원해본다.

나의 신앙생활에 기쁨이 줄어들고 승리가 없다면 이 찬란한 비전이 없기 때문이 아닌가? 아브라함, 열국의 아비, 천만인의 조상은 남의 이야기가 아니다. 비전의 크기가 그 비전에 합당한 그릇을 만들어낸다.

3. 힘을 내어

말할 수 없이 어둡고 답답한 현실이라도 비전 가운데 감사하게 되면 하나님은 낮이 되시고 빛이 되어주신다. 비전으로 분명한 자세를 취할 때 내게 있는 약함, 어두움이 오히려 하나님의 뜻을 이루고 성숙해지는 계기가 될 수 있다. 사람의 행복과 불행은 주위 환경에 있는 것이 아니라 주님에 대한 나의 자세가 얼마나 분명한지에 달렸다.

우리가 딴에는 주님의 은혜를 분명히 맛보아 열심히 한다고 하는데도 마음속에 부요함이 없고 무기력한 이유는 주님을 섬기는 삶의 동기와 목적이 좀 더 투명하고 깨끗하지 못하기 때문이라고 생각한다.

하나님의 말씀과 비전은 결코 추상적이거나 어려운 것이 아니다. 내가 기도하는 가운데 마음만 바친다면 구체적이고 생명력 있게 나타나서서 우둔한 우리를 깨우쳐줄 수 있으리라고 믿는다.

비전에 대한 철저함, 하나님께 대한 절대적 순종은 나의 연약함과 죄성을 깨뜨리고 일깨우며 나를 훈련시킨다. 어렵다고 도망가면 아무것도 못한다. 문제는 내 마음의 자세다. 마음이 훈련되어 있지 않고 바쳐지지 않으면 아무리 좋은 것이 있더라도 아무것도 이룰 수 없다. 그러기에 하나님은 우리를 사랑하시어 우리의 감정이나 육의 문제를 해결해주시기보다는, 먼 미래를 내다보시며 어미 사자가 새끼를 훈련하듯 강한 사자로 훈련시키신다.

주님은 지금도 인간적인 감정을 잠시 만족하게 하기보다는 영원을 살게 하는 참된 독수리 훈련을 우리에게 시키고 계신다. 특히 비전에 대한 견고함과 기도생활에 있어 이런 훈련을 시키실 때 감사하자. 만약 우리가 기도하지 않고 말씀 사역을 한다면 생명은 고사하고 죽음을 창조하는 엉터리 사역자밖에 안 될 것이다. (중략)

우리가 할 일이 정말 많다는 것을 느꼈다. 누군가는 이 일을 하며, 이 같은 정신으로 살아야 한다. 하나님은 우리가 좁게 살기를 원치 않으시고 열국의 아비가 되길 원하신다. 문제는 나의 오병이어를 바치는 것이다. 큰 것을 본 자는 작은 것을 버리는 법이다. 100만 불의 사업을 하는 사람은 1~2불의 손해에 연연하지 않는다. 내 삶에서 1~2불의 손해가 무엇인가?

God is good. 1984. 7.

미국 Fullerton 길벗 서재에서

이 글을 쓸 때는 이미 미국에 건너간 뒤였지만 그 훨씬 전부터 쉐퍼 박사로부터 받은 비전의 영향은 젊은 우리의 가슴을 뛰게 하고도 남았습니다. '라보때'라고 라면으로 보통 끼니를 때우면서도 우리에겐 꿈이 있었습니다. 공동체 훈련을 통해 마음을 여는 훈련, 비전을 얻는 훈련, 선교에 필요한 여러 훈련 그리고 그 다음에는 인격 훈련을 해나갔습니다.

이런 라브리 훈련은 내수동교회 대학부 사역의 연장선상이었습니다. 왜냐하면 지역교회 대학부로서는 한계가 있었기 때문입니다. 당시 내수동교회 대학부가 웬만한 작은 선교단체보다도 컸기 때문에 안으로 튼실하게 서지 않으면 안 될 시점이었습니다. 같이 합숙하면서 인격적인 훈련을 통해 진정한 지도자로 성장할 수 있는 발판을 다져갔던 것입니다.

저는 그때의 경험으로 미국에 처음 가서도 젊은이들에게 자주 도전의 메시지를 던졌습니다.

"고민 좀 해라. 한국에서는 허름한 아파트에서 연탄 때고, 샤워도 못 하고 살면서도 그런 꿈을 갖고 인류를 위해서 쓰임 받고자 하는 열망이 있었는데, 너희들은 좋은 차 타는 데만 관심을 갖고 있으니 부끄럽지도 않으냐? 이런 좋은 형편에 있고, 좋은 대학 다니면서 뭐하는 거냐? 연애, 좋은 아르바이트, 좋은 차에나 관심이 있다니 정말 안타깝다. 제발 고민 좀 해라."

물질적 풍요와 윤택한 문화를 마음껏 누리고 사는 교포 청년들에게 라브리 생활은 도전적인 메시지가 아닐 수 없었습니다.

1982년에 미국으로 간 저는 김동명 목사님과 안이숙 사모님이 계신 교회를 섬기게 되었는데, 어느 날 전 성도와 함께 야유회를 갔습니다. 교회에서 픽업 트럭 두 대에 성도 천 명이 먹을 분량의 갈비를 실어와서는 바비큐 장소를 대여섯 군데 만들어 갈비를 구웠습니다.

누군가 제게 그 갈비를 먹으라고 한 점 가지고 왔는데 그걸 보는 순간 목이 메어와 얼른 화장실에 들어갔습니다. 거기서 얼마나 울었는지 모릅니다. 한국에 있는 비전의 친구들, 동역자들이 떠올라서 견딜 수가 없었던 것입니다. 얼마나 그들에게 갈비를 먹이고 싶던지…. 그만큼 무척 아끼고 사랑하는 동역자들이었습니다.

1년에 한 번 정도 한국에 나올 때마다 라브리 비전의 동역자들은 공항에 마중을 나왔습니다. 그리고 다들 라브리로 모여서 서로 맞절을 합니다. "지난 2년 동안 형님의 사랑과 기도, 후원 때문에 우리가 이렇게 성장했습니다", "아우님들, 형제님들의 격려 때문에 복을 받은 것 같습니다", "형제님들 때문에 제가 미국에서 지치지 아니하고 약해지지 아니하고 주님을 섬길 수 있었습니다" 하는 이야기들을 주고받습니다. 이렇듯 가난 속에서 믿음으로 맺어진 그 동역자들과의 섬김은 지금도 아름답게 이어지고 있습니다. 라브리는 제 꿈이 잉태된 곳이었습니다.

신앙 간증의 고전
《죽으면 죽으리라》의 저자
안이숙 사모님과 함께.
나는 이동원 목사님의 소개로
김동명 목사님과 안이숙 사모님이
시무하시는 교회에서
사역하게 되었다.

vision
maker

저는 성도들에게 이 점을 강조합니다.

"그리스도의 몸인 교회는 일하기 위해 존재하며,

일하기 위해서는 건강해야 합니다.

아픈 사람을 낫게 하려는 것보다

처음부터 건강한 사람을 만들어내는 데 주력합시다.

건강한 사람을 만들어내는 지름길은 바로 제자훈련입니다.

오늘날 우리 주변에서 흔히 보는 병약한 교회들은

예수님이 쓰시고자 해도 쓰실 수 없습니다."

3

오 캡틴,
마이 캡틴!
나의 멘토들

"거목 사이를 걸어가니 내 키가 커졌다."
신앙과 목회의 비전에 눈을 띄워주신
영적 스승 옥한흠, 박희천 목사님과 함께.
뒷줄 왼쪽부터 나, 최흥준 목사님, 옥한흠 목사님, 박희천 목사님.

내 목회의 영원한 아키타이프
내수동교회 박희천 목사님

제 설교 경력은 열여섯 살 때로 거슬러 올라갑니다. 당시 아버지가 섬기시던 개척교회에는 주일학교에서 설교할 사람이 없었습니다. 그래서 아버지가 제게 설교를 맡기셨던 것입니다. 스무 살 때는 중등부 학생들에게, 스물셋부터는 대학부 학생들에게 설교를 했습니다. 다른 설교자에 비해서 거의 7~8년 이상 일찍 사역을 시작한 것 같습니다. 물론 부족한 점이 많았지만 감사하게도 좋은 멘토Mentor를 많이 만나는 복을 누렸습니다.

전 세계적으로 요즘은 '멘토 시대'라는 말을 자주 사용합니다. 미국의 풀러 신학교에서도 리더십 코스보다 '멘토링'Mentoring 과목이 더 인기입니다. 그렇다면 '멘토'란 무엇입니까? 한국식으로 말하자면 '영적인 스승'을 가리킵니다. 미국식으로 말하면 '영적인 코치'입니다.

코치는 항상 자신의 이익을 위해 존재하지 않고 따르는 자, 도움

을 받는 자의 유익을 위해서 존재합니다. 이것이 바로 '멘토십'Mentorship
의 정의입니다. 멘토가 해야 하는 중요한 일은 소위 피드백을 해주
는 일입니다. 그러니까 잘못이 있을 때 충고를 해주어야 합니다. 지
혜롭게 충고해주는 것이 멘토의 본분입니다.

멘토의 목표는 따라오는 사람이 균형 있게 성숙하도록 돕는 것입
니다. 인생의 경주에서 탈락하지 않도록, 정한 트랙을 이탈하지 않
도록 돕는 자가 멘토입니다. 자신의 인생 목표나 방향을 위해서가
아니라 자신에게 도움을 받는 사람들이 인생 목표, 꿈, 성장을 이루
도록 이끌어주어야 합니다.

아무리 세상에서 성공했다 하더라도 반드시 멘토가 필요합니다.
인생의 길에 코치가 없어서는 안 되기 때문입니다.

제게는 훌륭한 멘토들이 많이 있습니다. 제게 뭐라고 말씀하셔도
"예, 알겠습니다" 하고 곧바로 순종할 수 있는 그런 분들이 있다는
것은 목회하는 데 얼마나 큰 힘이 되는지 모릅니다. 먼저 박희천 목
사님을 들 수 있는데, 그분은 제 생애에 참으로 진실된 목회자상을
심어주셨습니다. 그분에 대해 누군가 소개해달라고 하면 항상 나오
는 첫마디가 이것입니다.

"박 목사님이요? 참으로 진실된 분이십니다."

1995년이었습니다. 박희천 목사님께서 내수동교회 금화 수양관
에서 농어촌 목사님들 160여 명을 모셔놓고 세미나를 하신 적이 있
었습니다. 마침 저도 한국에 와 있을 때라 그 세미나에 참석했는데
사회를 보시는 젊은 목사님이 제게 박 목사님 소개를 맡아달라고 부
탁을 하는 것이었습니다. 그래서 잠깐 소개를 하게 되었습니다.

첫째, 박 목사님은 성경을 무척 사랑하시는 분이라고 소개했습니

다. 성경을 사랑하지 않는 목자가 어디 있겠습니까마는 박 목사님만큼 철저하게 말씀과 더불어 살려 하고, 말씀을 끼고 사는 분은 흔하지 않기 때문입니다. 그 바쁜 가운데서도 하루에 네 시간씩은 꼭 성경 읽는 데 시간을 내야 하는 옹고집 목사님이십니다.

20대에 하나님께 헌신하신 후 40년 이상 한결같이 하루에 성경 본문만 4시간 이상 통독하셔서 성경을 거의 다 외우는 말씀의 부자이기도 합니다.

또 박 목사님을 소개할 때 빠뜨리지 않는 것은 '사랑이 있는 목자'라는 사실입니다. 1992년에 남가주 사랑의교회에서 박 목사님을 모시고 집회를 한 적이 있는데 그때 박 목사님 사모님께서 눈물을 뚝뚝 흘리며 이렇게 말씀하시는 것이었습니다.

"우리 오 목사는 내가 배만 안 아팠을 뿐이지 내 속으로 난 자식 같은 사람인데, 그 어려웠던 시절에 한 끼라도 더 먹일걸. 그리 못한 일이 너무 쓰려."

두 분은 한결같이 저를 무척 사랑해주셨습니다. "더 사랑해줄걸" 하고 말씀하실 때면 오히려 더 섬기지 못한 제가 부끄러워집니다. 내수동교회 지도 간사로 섬길 때도 제 어려운 처지를 아시고 다른 교회보다 조금이라도 더 많은 사례비를 주시려고 애쓰신 마음, 그 모든 일을 통해 박 목사님의 사랑 깊은 마음을 짐작하고도 남습니다.

셋째는 '양육'하는 목자, 사람을 키우는 목자라는 사실입니다. 박 목사님은 할렐루야교회 담임인 김상복 목사님에게 학창 시절 동안 큰 영향을 끼치셨고, 김 목사님이 제일 존경하는 분이기도 합니다. 옛날에는 청년 대학부에 관심을 갖고 힘써 지원하며 양육하는 목사님이 드물었습니다. 또한 신학생도 아닌 제게 대학부 책임 지도를 믿고 맡겨주시는 모험심도 참 남다르셨습니다. 항상 돌다리도 두드려보고 건너는 조심스러운 성격이신데도 어떤 면에서는 남이 하지 못하는 일을 하시는 과감한 기질을 갖고 계셨습니다. 당시 내수동교회 대학부가 그렇게 부흥할 수 있었던 것도 박 목사님의 '사람에 대한 애정'과 적극적인 지원이 있었기에 가능하지 않았나 싶습니다.

박 목사님께 가장 많이 배운 점이 있다면 바로 '사람을 키우는 일의 중요성'입니다. 더불어 인생을 올곧게 한길만 걸어가는 참된 목회자상을 제게 심어주셨습니다.

생애를 던진 말씀   성경사랑부흥사경
강사 박희천 목사   1992. 8. 7~9.

사경회 강사로 초대되신 박희천 목사님(오른쪽에서 두 번째).
그 왼쪽이 나를 친자식처럼 아껴주시던 사모님이다.
박 목사님은 내 목회의 영원한 원형질로,
나는 이분을 통해 성경 사랑, 성도 사랑의 정신을 배웠다.

내 영적 훈련의 교관
사랑의교회 옥한흠 목사님

　　제목이 좀 거창합니다만, 제목 그대로 옥한흠 목사님은 제게 사역이 무엇인지 실제적으로 가르쳐주신 분입니다. 제가 '제자훈련'이라는 한 우물만 팔 수 있었던 것도, 꿈을 갖고 노력할 수 있는 것도 옥 목사님의 영향이 무척 큽니다. 작은 것 하나부터 큰 문제에 이르기까지 옥 목사님은 오정현 목사의 영적 교관이요 조련사인 셈입니다.

　가령, 집을 마련하는 일만 해도 옥 목사님은 저를 가만 놔두지 않으셨습니다. 미국에서 처음 교회 건축을 시작할 때 교회에서 조금만 더 떨어져 살면 보다 나은 집에서 살 수 있는 형편이었습니다. 그런데 옥 목사님의 말씀 한마디에 저는 주저 없이 순종하고 거리가 가까운 작은 집에서 살게 되었습니다.

　"사람 없이 넓은 곳에 있는 것보다는 매 주일 작은 데서 사람들과 복작거리는 게 여러모로 좋아."

그만큼 옥 목사님의 한마디 한마디는 지나가는 말씀이라도 제게 큰 영향을 미쳤습니다. 이런 관계는 제가 대학부 사역을 할 때부터 지금까지 계속 이어지고 있습니다.

옥 목사님과 만남의 기폭제가 되었던 것은 앞서 말씀드린 대로 개교회 청년 사역의 한계성 때문이었습니다. 그 문제를 해결한 본보기로 옥 목사님이 지도하시던 성도교회 대학부를 유심히 보게 된 것입니다. 그래서 옥 목사님과 잠깐 만남이 있었는데 안타깝게도 목사님은 곧 미국으로 공부하러 가셨습니다. 그러다가 귀국하신 후 1978년 7월에 있었던 내수동교회 대학부 송추 수양회를 계기로 다시 만남이 시작된 것입니다. 당시 제가 대학부 책임자였기 때문에 옥 목사님을 직접 마중하러 송추역으로 나갔습니다. 그런데 한참을 기다려도 목사님이 오시지 않았습니다. 맥이 빠져서 혼자 뚜벅뚜벅 걸어 수양관으로 올라왔는데, 옥 목사님은 이미 그곳에서 저를 기다리고 계셨습니다.

"어, 오 형제. 반갑네."

그러시더니 제 어깨를 툭툭 치며 반갑게 맞아주시는 것이었습니다.

그 수양회는 그야말로 은혜의 도가니였습니다. 목사님께서 쏟아 놓은 영적인 핵심과 감각, 비전이 우리 대학생들을 완전히 뒤집어놓았습니다. 하나님의 말씀이 뼈와 골수를 찔러 쪼갠다는 사실을 그렇게 직접 몸으로 느껴보긴 처음이었습니다.

그 후로도 목사님과 인간적인 만남이 이어졌는데, 옥 목사님과 저는 만날 때마다 제자훈련에 관해서 미친 사람처럼 논쟁을 벌이곤 했습니다. 저는 그때까지도 선교단체의 가르침에 철저하게 빠져 있던 때라 '교회론'이 잘 정립되어 있지도 않았고, 패기만 살아 있어서 겁 없이 덤벼들기가 일쑤였습니다. 그러니 제가 볼 때 옥 목사님의 'Para Church의 in Church화'라는 구상과 계획은 수정주의 노선인 것 같아 쉽게 동조가 되지 않았습니다. 어느 날은 목사님 댁에 쳐들어가 논쟁을 하기도 했는데, 당시 사모님께서 걱정하실 정도로 밤을 새워가며 이야기를 나누었습니다.

지금 생각하면 철모르던 시절에 목사님을 너무 괴롭힌 건 아닌가 하는 후회도 있지만, 그때 나누었던 이야기를 통해 참으로 많은 것을 배울 수 있었습니다. 누구보다도 옥 목사님은 많은 시간을 제게 할애해주셨습니다. 그것도 철없는 대학생에게 말입니다.

옥 목사님께서는 늘 계부, 계모 같은 사역을 해서는 안 된다고 강조하셨습니다. 계모와 같은 사역은 눈물이 없기 때문에 힘이 없다는 것입니다. "사역은 잘돼도 안 돼도 고민이기에 항상 여유를 가지고 목회를 해야 한다." 이것이 옥 목사님의 지론이었습니다. 이 말씀은 급하게 달려가던 저의 사역에 쉼표를 찍어주었습니다. '사역의 교관'이라는 말에 걸맞게 사시며 그 말에 걸맞게 사역하시는 분이었습니다. 사역과 자기 발전에 그처럼 존경할 만한 분은 다시 만나기 어렵지 않을까 생각합니다.

때로는 제게 "여성도들은 무조건 조심스럽게 대해라. 일정한 거리를 유지해라" 하는 세세한 주의까지 아끼지 않으실 정도입니다. 그 조언을 듣고 난 후부터는 정말 저도 주의를 했습니다. 여집사님과는 악수도 잘 하지 않고, 제 차에 태울 때도 꼭 뒷좌석에 앉게 합니다. 이렇듯 옥 목사님은 공인으로서 지켜야 할 것들, 조심해야 될 일들을 정확하게 점검하고 실행하시는 프로의 면모를 가지셨습니다. 요즘에는 소위 전문성, 프로의식이라는 말을 많이 쓰지만 예전에는 참 생소했는데 옥 목사님의 삶을 통해 '영적인 프로는 저런 분이다' 하는 것을 자연스럽게 터득했습니다.

옥 목사님은 삶의 모든 영역에서 철저한 모습을 보여주셨습니다. 우선 설교 준비에 있어서는 아무도 못 말릴 정도로 지독하십니다. 설교를 잉태하고 출산하기까지의 긴장과 고통은 목회자라면 누구나 체험해보아 알겠지만, 옥 목사님은 참 남다르게 잉태의 과정을 견뎌내십니다. 사람을 변화시키는, 생명력 있는 설교를 잉태하기 위해 얼마나 긴 시간을 투자하시는지 모릅니다. 만약 설교에서 가장 중요한 영감이 떠오르지 않으면 하루 종일은 기본이고 며칠 동안이나 진통을 계속합니다. 하다가 잘 안 되니 그냥 대충 한다는 식이 아닙니다.

또한 하나님 앞에서 정한 사역의 원칙이 정말 대단합니다. 이럴 때 하나님의 뜻은 무엇인지, 저럴 때는 무엇인지 철저하게 묻고 기도하는 분입니다. 목사님의 그런 모습을 오랫동안 지켜본 저로서는 고개를 숙이지 않을 수 없습니다. 19년 동안 같은 설교를 한 번도 반복한 적이 없으시다면 그 노력을 짐작할 수 있지 않겠습니까? 그러니 옥 목사님의 삶을 아는 사람들이 그 설교를 들으면 더욱 압도당하는 것입니다. 그 노력을 한번 상상해보기 바랍니다. 그 왕성한 실험정신은 누구도 따라잡을 수 없을 정도입니다.

그러다 보니 옥 목사님을 사랑하고 존경하는 이들은 가끔씩 건강 문제를 염려할 수밖에 없습니다. 한국교회의 큰 그릇으로 더욱 크게 쓰임 받기 위해서 몸을 좀 돌보셨으면 하는데 그러지 않으십니다. 그러면서도 은혜 어린 그 삶이 얼마나 소박하고 평온하신지…. 옥 목사님은 사역, 삶, 자기 통제력 등 모든 면에서 배우고 싶고 닮고 싶은 큰 별이 아닐 수 없습니다.

오정현목사 위임예배
1995년 1월 21일

옥한흠 목사님은
확실히 선이 굵은
프리처(preacher)다.
마치 사막 교부처럼
고적한 사색에
빠지길 좋아하신다.
그러나 장고(長考) 후
터뜨리는 메시지는
가히 사람의 마음을
뒤흔들어놓고도 남음이 있다.

내 영성의 마르지 않는 샘
지구촌교회 이동원 목사님

이동원 목사님을 생각할 때마다 '아름다운 사람'이라는 수식어가 떠오릅니다. 이 목사님은 절대로 남과 싸우지 않는 '평화주의자'이십니다. 멘토는 때론 싸우기도 하고, 꾸짖기도 하는 것이 일반적이지만 이 목사님은 많이 다릅니다. 제가 대학부 때부터 저와 관계를 맺고 계시면서도 돌이켜보면 한 번도 저를 어렵게 대한 적이 없으셨습니다.

이처럼 이동원 목사님은 은혜와 평화로 격려하는 일을 근본으로 삼으시는 독특한 삶의 자세를 가진 분입니다. 뿐만 아니라 무관심과는 다른 차원의 독특한 대인관을 가진 분이기도 합니다. 아마 어렸을 때부터 겪었던 가난과 어려움 속에서 갈고 다듬어진 온유함이 아닌가 짐작되지만, 그러면서도 전혀 어둡지 않고 환한 어른이십니다.

또한 은혜 가운데 생을 즐기는 낙관주의자처럼 보입니다. 사람과 어울릴 줄 알고 사람 대하는 법을 잘 아는, 퍼스널 케어를 잘하는 분입니다. 보통 우리나라 사람은 이 부분에 약합니다. 소위 지도자라는 사람들도 사람을 얻는 법을 모르는 것 같습니다. 그런데 이동원 목사님은 제게 사람 얻는 법을 가르쳐주셨습니다.

예를 들어서 상대방에게 정말 화가 머리끝까지 나서 한판 하고 싶을 때도 싸우기 전에 먼저 한마디를 하는 것입니다. "당신이 지금 제게 이렇게 저렇게 말씀하시는데 그 말씀이 맞는 것입니까?" 하고 상대방의 말을 다시 한 번 반복하는 순간, 싸우고 싶은 마음이 인격적으로 다듬어진다는 것입니다.

이뿐 아니라 이 목사님은 인생을 즐길 줄 아는 아름다운 평화주의자입니다. 삶을 너무 거칠게 살지 않고 자연, 시, 사람, 바람, 물, 책, 이런 것들을 즐기면서 기쁘게 살려 하십니다.

한국 침례교회의 대표적 교회인 서울 침례교회에 부임하셨을 때가 서른셋이었는데 침례교회에도 서른셋에 목사로 부임할 수 있다는 것을 보여주심과 함께 폭발적인 부흥을 이루어내셨습니다. 무엇보다 강해설교를 가지고도 젊은이군단을 움직일 수 있음을 증명하셨습니다.

이동원 목사님의 대중적 호소력은 무엇보다 목사님의 삶 자체에서 우러나온 것이라 더욱 힘이 있다고 생각됩니다. 불우했던 유년기의 아픔을 썼고 예수님 덕분에 인생을 즐기는 여유로움을 체득하셨는데 그것이야말로 강력한 내적 능력이 아닐 수 없습니다.

이 목사님은 백 년에 한 명 날까 말까 한 설교가로 마이크만 들이대면 자다가도 벌떡 일어나 매우 적확한 언어로 말씀을 전하는 명설교가이십니다. 옥 목사님을 모셨을 때처럼, 이 목사님과의 본격적인 만남도 내수동교회 대학부 집회를 주최하면서부터였습니다.

영감 있고 문학적인 품격이 뛰어난 설교를 논하려면
반드시 이동원 목사님을 거론하고 넘어가야 한다.
나는 피스메이커(peace maker)를 자처하는 이분에게서
수사(修辭)를 넘어선 삶을 보았다.
아래 사진은 이동원 목사님을 강사로 모시고 진행했던
내수동교회 대학부 수양회.

1979년, 이동원 목사님을 모시고 충북 옥천에서 수양회를 가진 적이 있습니다. 그때 200명의 대학부 형제들은 70명의 불신자들을 초대해서 함께 데리고 갔습니다. 비가 엄청나게 퍼붓던 날이었습니다. 숙소까지도 갈 수 없을 정도로 비가 쏟아져 차에서 내리자마자 집회실로 뛰어 들어갔습니다. 그러고는 바로 개회예배를 드렸는데, 그날의 본문이 누가복음 19장이며 설교 제목은 '나는 과연 변화를 줄 수 있는가'였던 것으로 기억합니다.

그날 개회예배 시간에 기적이 일어났습니다. 우리가 데려갔던 70명 중 2명을 제외한 전부가 첫날 첫 시간에 모두 예수님을 구주로 영접한 것입니다. 그때 나온 유명한 칼럼이 '오 목사님'(내수동교회 대학부 주보인 '증인들'에 게재)이었습니다.

당시 서울대학교 피아노과에 다니던 한 자매는 대학교 4학년 때까지 예수님을 모르고 있다가 첫 시간에 예수님을 믿겠다고 자리에서 일어나서는 건반 위에 눈물 콧물을 떨구며 구원의 감격을 표현했습니다. 참 아름다운 광경이었습니다.

그때 저는 영원한 전도자로 살았으면 참 좋겠다고 생각했습니다. 지금 우리나라에 전도 정체현상이 나타나고 있는데 이 사회에 '빌리 그레이엄 전도단'처럼 '이동원 전도단'이 생겨 전도에 활기를 불어넣었으면 하는 바람이 무척 큽니다. 특별히 이동원 목사님같이 전도의 은사가 있는 분들이 하나의 시스템으로 연결되어 쓰임을 받는다면 한국교회에 큰 바람이 일어나지 않을까 생각합니다. 그만큼 이동원 목사님의 강력한 메시지는 사람의 마음을 움직이는 호소력을 가지고 있습니다.

내 영적 항해의 나침반
남서울은혜교회 홍정길 목사님

　　홍정길 목사님은 참으로 겸손하고 인격적인 분입니다. 홍 목사님과의 만남도 대학생 사역을 하다가 이루어졌습니다. 내수동교회 대학부 집회 인도를 부탁하기 위해 찾아갔던 것이 첫 만남이었습니다. 당시 남서울은혜교회는 한창 부흥하고 있을 때라서 너무 바쁜 스케줄에 쫓기실 것이 뻔한 홍 목사님이 나 같은 일개 대학부 지도 간사를 만나주실 시간은 없을 거라 지레 짐작했습니다. 그래서 대학부 리더 40명을 데리고 남서울은혜교회의 집회를 찾아갔던 것입니다.

　　1980년의 일이었습니다. 저녁예배가 시작되었고 드디어 홍 목사님이 강단에 오르셨는데 덩치도 큰 어른이 입을 얼마나 크게 벌리고 찬송을 부르시는지, 온 교회에 은혜가 넘쳤습니다. "주의 사랑 비칠 때 기쁨 오네 근심 걱정 물러가고 기쁨 오네 기도하게 하시며 희미한 것 물리쳐 주의 사랑 비칠 때 기쁨 오네…"

지금도 홍 목사님께는 제가 따라갈 수 없는 영역이 있습니다. 1980년대 후반의 일입니다. 당시 한국교회가 날로 부흥하고 있었는데 홍 목사님께서 미국에 오시자마자 저에게 이렇게 말씀하시는 것이었습니다. "오 형제, 이제 한국 전 인구의 50퍼센트가 복음화 될 날이 머지않았어. 그 꿈을 가지고 기도합시다."

　아, 그 말씀에 얼마나 귀가 번쩍 뜨이고 정신이 나는지, 이렇게 큰 믿음을 갖고 있으면 결코 잠들어 있을 수가 없겠구나 싶었습니다. 그 후로도 홍 목사님께서 보여주신 큰 믿음은 언제나 앞서갔습니다. 시대에 대한 안목도 남달라서 국내 정치나 경제는 물론 국제 정세에도 밝은 분이셨습니다. 특히 공산권 선교, 중국 선교에 대한 혜안은 놀라울 정도입니다. 홍 목사님을 아는 분들은 이구동성으로 무척 겸손하고 통이 큰 분이라는 이야기를 합니다.

　남가주 사랑의교회를 개척한 지 2년 만에 홍정길 목사님을 초청해서 집회를 연 적이 있습니다. 마침 교회 건축을 준비하느라 재정적으로 참 어려울 때인데 그래도 최선을 다해서 사례비를 준비했습니다. 멀리 미국까지 오셨으니 아무리 어렵더라도 사례만큼은 섭섭지 않게 드리려고 제법 적지 않은 비용을 봉투에 넣은 뒤 편지까지 써서 집회가 끝난 후 드렸습니다.

　그런데 목사님을 공항까지 직접 모셔다드리고 돌아왔더니 차 안에 웬 봉투가 떨어져 있는 것입니다. 자세히 보니 제가 홍 목사님께 드린 사례비 봉투였습니다.

　"목사님, 어떻게 그걸 떨어뜨리고 가셨습니까?"

　목사님의 의도는 알았지만 짐짓 모르는 체하고 전화를 드리자 이렇게 답하시는 것이었습니다.

홍정길 목사님은 말보다 행동이 앞서는(?) 분이다.
목사님이 쏟아놓는 말들은 그분의 앎과 됨 그리고
힘을 입증하는 꼬리표일 뿐이다.
왼쪽부터 나, 홍정길 목사님, 이동원 목사님.

"이 사람아, 내가 그걸 어떻게 받겠어? 자네가 그 고생을 하고 있는데…."

짐작했던 대로 일부러 차에 봉투를 두고 내리신 것이었습니다. 이처럼 홍 목사님은 사람 앞에서나 하나님 앞에서 작은 것에 연연하지 않는, 맘 너른 어른입니다.

뿐만 아니라 제가 목회하면서 견디기 힘들 정도로 어려울 때마다 늘 따뜻하게 위로하고 잡아주셨습니다. 생각만 해도 마음이 따뜻해집니다.

이동원, 홍정길 목사님은 코스타KOSTA, 국제복음주의학생연합회 발기인으로 청년 사역에 이정표를 남기셨습니다. 저는 총무로 10년을 섬겨오면서 두 분의 주님에 대한 뜨거운 사랑과 열정, 복음에 대한 열심에 큰 도전을 받았습니다. 코스타가 미국을 비롯해서 영국, 프랑스, 캐나다, 일본, 러시아, 중국, 오스트레일리아까지 활동 범위가 넓어졌고 앞으로는 전 세계로 뻗어나갈 텐데 이는 두 분의 통 큰 사역과 시대를 분별하는 통찰력에 힘입은 바 크다고 확신합니다.

내 인생의 영적 아버지
수원중앙침례교회 김장환 목사님

어른에게 그런 표현을 써도 될지 조심스럽지만 멋진 분, 멋진 남자 하면 극동방송에 계신 김장환 목사님을 빠뜨릴 수 없습니다. 제가 아는 사람 중에 가장 초인적으로 열심히 사시는 분 같습니다. 언어 실력도 대단하셔서 현지인보다 더 자연스럽게 영어로 설교하십니다.

영혼을 구원하기 위해 사람에게 접근하는 실력(?)은 타의 추종을 불허합니다. 가히 시대의 인물이라 할 수 있습니다. 한 가지 잘 알려지지 않은 그분의 일화가 있습니다.

1973년, 미국 조지아주에서 어떤 기도 모임이 있었습니다. 김장환 목사님도 그곳에 가셨습니다. 옆에서 어떤 미국 사람이 앉아 기도하다가 서로 대화를 나누게 되었습니다. 서로의 꿈에 대한 이야기였는데, 김장환 목사님이 먼저 이야기를 꺼내자 그 사람도 자신의 이야기를 털어놓더랍니다. 그런데 그 꿈이 무엇이었는지 아십니까?

바로 미국의 대통령이 되는 것이었습니다. 만약 저 같았으면 "아 그렇습니까? 참 놀랍군요" 하고 말았을 텐데, 김 목사님은 그 이야기를 듣는 순간 "내가 당신이 가진 꿈을 위해서 같이 기도해도 되겠습니까?"라고 물었답니다. 그 역시 "Why not?"(되다 뿐이겠습니까?)이라고 하면서 함께 손을 잡고 기도했습니다.

같이 기도했던 그 사람이 누구였는지 아십니까? 바로 지미 카터 대통령이었습니다. 지미 카터는 대통령이 되고 나서 제일 먼저 한국의 김장환 목사님을 초청했습니다.

김 목사님이 하나님을 위해 일하려고 마음먹을 때마다 주님이 얼마나 크게 들어 쓰셨는지 모릅니다. 교도소에 가 있는 정치범들에게 복음을 전해 열매를 맺는 것만 봐도 대단한 사역자임을 알 수 있습니다.

또한 가정 사역도 멋지게 해내시는 분입니다. 집에 가볼 때마다 사모님의 내조에 놀라고, 자녀를 향한 목사님의 사랑에 놀라고, 손님을 섬기는 모습에 놀랍니다. 아무튼 김 목사님은 사람을 얻고 사람을 섬기는 데 천재적인 분이라고 해도 과언이 아닐 것입니다. 넥타이든 스카프든 당신이 가진 거라면 무엇이든지 남에게 나누어 주지 않고는 못 견디는 분, 삶 자체가 곧 섬김인 분입니다.

김 목사님은 1973년 빌리 그레이엄 여의도 집회 이후 매스컴의 집요한 관심을 피하기 위해서 미8군에 숨어버리신 소박한 분이기도 합니다. 현재 세계적으로 주목받는 프라미스 키퍼스 Promise Keeper 운동에서 한국인으로는 유일하게 주 강사로 활약하십니다. 이런 대접을 받으시는 이유는 다 그분이 소탈하면서도 따뜻한 사랑을 지니셨기 때문입니다. 또 항상 시간을 중히 여겨 잘 지키시고 아랫사람을 따뜻하게 감싸주십니다. 자기 고집을 내세우지 않고 언제나 넉넉함을 보여주실 만큼 훌륭한 인품의 소유자입니다.

저는 멘토가 되어주신 분들께 항상 감사한 마음을 품으며 평생 사람 키우기로 이 중한 빚을 갚고자 노력하고 있습니다. 하나님께서는 이런 좋은 스승과 제자의 관계를 통해서 인생의 사명을 이루기 원하신다는 것을 가슴 깊이 깨달았기 때문입니다.

국내, 국외를 막론하고 김장환 목사님만큼
풍부한 사역 자원을 갖춘 분은 없다.
더 놀라운 것은 이분만큼 자원 공개를 즐기시는 분이 없다는 것이다.
목사님 내외분(오른쪽에서 두 번째, 세 번째),
아드님인 요셉 목사(왼쪽에서 세 번째. 아기를 안고 있는 이),
우리 가족(가장 왼쪽이 첫째, 사진 중앙이 나, 내 앞에 선 아이가 둘째,
가장 오른쪽이 내 아내)이 함께했다.

옥한흠, 이동원, 홍정길 목사님과 더불어 '복음주의 4인방'으로 꼽히는
하용조 목사님과 함께.

40년간에 걸쳐 신·구약 주석을 완간하여 후학들의 사역에 큰 도움을
주신 박윤선 목사님과 함께(양쪽이 박윤선 목사님 내외분; 가운데가 우
리 부부).

미국에서 가장 영향력 있는 교회로 손꼽히는 새들백 교회의 릭 워렌 목사와 함께(가운데가 릭 워렌 목사).

국제 OM(Operation Mobilization)선교회의 설립자인 조지 버위 선교사와 함께(가운데가 조지 버위 선교사, 가장 오른쪽이 나).

'별세신앙'이라는 목회철학으로 오직 십자가만 바라보고 사셨던 이중표 목사님과(오른쪽에서 두 번째) 함께.

"조국에서 땅끝까지"라는 주제로 열린 1988년 코스타에서. 당시 30대 초반의 젊은 목사였던 나는 옥한흠, 하용조, 이동원, 홍정길 목사님 등 영적 거장들과 함께하며 많은 것을 배웠다.

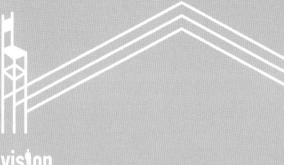

vision
maker

그때 박 목사님 사모님께서 눈물을 뚝뚝 흘리며

이렇게 말씀하시는 것이었습니다.

"우리 오 목사는 내가 배만 안 아팠을 뿐이지

내 속으로 난 자식 같은 사람인데,

그 어려웠던 시절에 한 끼라도 더 먹일걸.

그리 못한 일이 너무 쓰려."

4

나의 꿈

나의 사랑

남가주

사랑의교회

감격스러운 남가주사랑의교회 탄생예배.
'창립예배'라 하지 않고, '탄생예배'라 부른 이유는
우리가 교회를 세운 것이 아니라
하나님께서 세우셨다는 뜻을 강조하고 싶었기 때문이다.

당회를 감동시킨
개척백서

신학을 공부하기 위해 미국에서 생활했던 6년 동안, 가장 놀랐던 것은 이민교회의 거대한 잠재력이었습니다. 특히, 장년 세대의 영적 잠재력은 이루 말할 수 없었습니다. 그렇지만 그 잠재력이 사장되고 있다는 사실이 너무나 큰 안타까움으로 다가와 탄식을 금할 수 없었습니다.

30대부터 40대, 50대에 이르기까지 하나님을 위하여 준비된 사람들은 의외로 많았습니다. 그래서 언젠가는 꼭 미국에서 목회를 하고 싶다는 열망에 사로잡히게 되었습니다. 하나님의 때를 기다리면서 기도하게 된 것도 그런 연유에서 비롯되었습니다.

저는 캘리포니아의 탈봇Talbot 신학교에서 신학 석사M.Div. 과정을 거치면서 복음 전도와 영혼 얻는 사역을 다시금 철저하게 배웠습니다. 이어 칼빈Calvin 신학대학원에서 투철한 개혁주의 신학의 진수를 맛볼 기회를 얻기도 했습니다.

그렇게 비전을 향해서 한 걸음씩 나아가고 있는데, 놀랍게도 옥한흠 목사님이 제게 이민교회 개척을 권유하셨습니다. 옥 목사님의 말씀을 가슴에 새기며 계속 기도하던 중 서울 사랑의교회 협동목사로 있던 저는 1987년 9월 20일 사랑의교회 9주년 기념예배 때 남가주 사랑의교회에 정식으로 파송을 받으면서 교회를 개척하게 되었습니다.

사실 제가 처음 남가주에 개척 의사를 밝혔을 때 옥 목사님은 놀라는 눈치였습니다. 그러면서도 서울 사랑의교회 현장을 분석하라고 당부하셨습니다. 그래서 서울 사랑의교회에 대한 것은 물론, 여러 남가주 이민교회들에 대한 분석까지도 부지런히 했습니다. 지나고 보니 이런 사전 연구가 큰 도움이 된 것 같습니다.

약 4개월 정도 서울 사랑의교회 사역 현장을 구석구석 찾아다니면서 나름대로 분석한 끝에 제자훈련, 전도훈련, 사역훈련에 관한 지침들을 대략 70쪽 분량으로 작성했습니다. 그러고는 사랑의교회(당시 가칭) 개척백서를 써서 당회에 제출했습니다. 그 개척백서가 당회의 마음을 움직여 정식으로 창립 9주년 기념예배 때 파송하자는 결의를 모으기에 이르렀습니다. 뿐만 아니라 옥 목사님께서도 고심 끝에 목회 사역의 동반자로서 다음과 같은 개척 창립 기념패를 써주셨습니다.

"본 교회 창립 9주년을 기념하여 동일한 목회철학을 가지고 성경적인 평신도상을 회복하려는 새로운 교회상을 미주 이민 사회에 심고자 남가주 사랑의교회를 개척하게 된 것을 하나님께 감사드립니다. 앞으로 평신도를 깨우는 교회, 이민 2세대를 책임지는 교회, 이민 가정을 치료하는 교회, 선교 명령에 순종하는 교회로서의 개척 비전을 통해 하나님께 영광 돌리기를 바라며 동시에 두 교회가 목회적인 협력자로서 하나님이 바라시는 시대적 소명을 완수할 수 있기를 기도합니다."

남가주 사랑의교회는 서울 사랑의교회와 꿈과 비전을 함께 나누며 모교회와 지교회의 관계, 선교 협력자로서의 관계, 일꾼을 키우는 상호 보완 관계를 안고 출발했습니다.

당회에서는 떠나는 우리 가족에게 생활비로 500만 원을 지원해 주었습니다. 감사한 마음으로 그 귀한 물질을 받았지만 개인적인 용도로 쓸 수가 없어서 하나님께 모두 드렸습니다. 이제 와서 고백하지만, 만약에 계속 서울 사랑의교회로부터 재정적인 도움을 받았다면 남가주 사랑의교회가 오늘날 이렇게 성장할 수 있었을까 하는 생각이 듭니다. 왜냐하면 목회는 항상 배수진을 치지 않으면 안 되기 때문입니다. 개척교회를 섬기는 성도들은 우리가 헌금하고 헌신하지 않으면 안 된다는 주체의식을 가져야 합니다.

미국에 와서는 교회 사역보다 먼저 성경공부에 들어갔습니다. 소그룹 성경공부부터 시작했는데, 제자훈련을 처음 실시할 때 가장 어려웠던 것은 금요일 저녁에 시간을 내는 문제였습니다. 이민 사회에서는 금요일 저녁이 황금 시간이었기 때문에 그 시간을 쪼갠다는 것은 참으로 어려운 일이었습니다. 그러나 아무리 어려워도 제자훈련은 해야 했습니다.

제가 늘 답답했던 것은 이민 사회의 장년 신자가 가진 엄청난 잠재력이 제대로 발휘되지 못하고 있다는 사실이었습니다. 그러나 그 잠재력을 사장시키지 않고 계발하기만 한다면 이민교회의 미래가 밝을 것이라는 확신이 있었습니다. 그러기 위해 아예 처음부터 훈련 목회를 하기 시작했습니다. 훈련 목회의 개념은 예방 목회와 통하는 것입니다. 일단 병이 들면 고치기 어렵기 때문에 예방하는 것이 가장 중요하듯이, 잘못 자라는 신자가 없도록 미리 훈련을 시키는 것입니다.

어느 지면에선가 '쌀 증산왕'에 대한 기사를 읽은 적이 있습니다. 그는 자신의 논에서 여느 논보다 4배가량 많은 쌀을 수확했다고 합니다. 기자가 그 비결을 묻자 벼가 익을 때 가장 중요한 것이 병충해 예방인데 그 작업을 철저히 한 것이 알찬 수확의 비결이라고 답했습니다. 그 기사를 읽으며 제자훈련과 연관 지어 생각해보았습니다.

저는 사람들을 모아놓고 강조하기 시작했습니다.

"우리가 살면 얼마나 살겠습니까? 인생이 10년이면 500주, 30년이면 1,500주밖에 안 되는데 그 소중한 한 주, 한 주를 까먹을 수는 없습니다. 한 주는 곧 하나의 역사One Week is One History입니다."

예방주사의 효력이 나타났는지 금요일 밤에 은혜를 체험하는 역사가 일어나기 시작했고 교회를 시작할 곳을 물색하게 되었습니다. 어떻게 하면 한국교회의 장점을 미국교회에 접목시킬 수 있을지, 또 어떻게 하면 미국교회의 장점을 한국교회에 접목시킬 수 있을지를 연구하면서 여러 전략들을 짜보았습니다.

그 당시 저는 척 스미스 목사님의 균형 잡힌 성령 사역과 존 맥아더 목사님의 말씀 사역 및 소그룹 모임 그리고 척 스윈돌 목사님의 설교 사역에 반해 있었습니다. 특히 갈보리 교회 척 스미스 목사님의 성령 사역에 깊은 인상을 받았습니다. 이슬비처럼 흘러내리는 성령의 기름 부으심은 얼마나 아름답던지, 저 역시 자연스럽게 채워지는 아름다운 성령 사역의 꿈을 갖게 되었습니다.

개척교회 터를 물색하던 중 세 군데 후보지가 나왔습니다. 한 곳은 상류층 지역으로 의사들이 교회까지 구해놓고 사역자를 찾고 있었고, 다른 한 곳은 LA 다운타운에 있었습니다. 마지막 후보지는 교통이 편리해서 젊은이들을 중심으로 모일 수 있는 지역으로, LA 다운타운에서 30분 정도 떨어진 거리에 자리 잡은 곳이었습니다. 기도를 하며 결정해야 했는데 사실 첫 번째 후보지에 마음에 끌리기도 했지만 아무리 기도해도 젊은이들을 배제한 사역은 생각할 수가 없어 마지막 후보지로 뜻을 정했습니다. 그곳에 바로 남가주 사랑의교회가 자리 잡게 된 것입니다.

드디어 1988년 4월 16일, 성경공부를 시작했던 12명의 지체들과 감격스런 '탄생예배'를 드리게 되었습니다. 당시 우리가 '창립예배'라 하지 않고, '탄생예배New Birth'라 불렀던 이유는 우리가 교회를 세운 것이 아니라 하나님께서 세우셨다는 뜻을 강조하고 싶었기 때문입니다. 얼마나 가슴 벅찬 예배였는지… 남가주 사랑의교회 개척백서를 볼 때마다 당시의 감격이 되살아나곤 합니다. 보잘것없지만 혹여 참고가 되는 부분들이 있을까 하여 개척백서의 일부를 소개합니다.

남가주 사랑의교회 개척백서

교회 목표

1. 평신도를 깨우는 교회
2. 이민 2세를 책임지는 교회
3. 이민 가정을 치유하는 교회
4. 선교 명령에 순종하는 교회

1. 창립 취지

가. 한국 이민교회는 독특한 문화의 충격 속에 있는 이민 1세대와 2세대(Korean-American)를 예수 그리스도의 충성된 일꾼으로 올바로 양육하고 그들의 영적 필요를 채워줄 의무가 있다.

나. 현재 이민교회에 가장 시급하고도 필요한 것은 사람을 키우는 일, 즉 제자훈련 사역이다. 이민교회의 당면 과제는 성품과 삶이 성숙한 장년과 젊은이, 2세대를 훈련하는 것이다. 강력한 복음 사역과 제자훈련을 통한 한 차원 높은 치유가 없는 이상 이민교회가 갖는 한계와 악순환을 탈피할 방도가 없고 이민자들의 텅 빈 가슴을 채울 수 없다.

다. 이런 상황에서 이민교회를 치유할 새로운 이미지의 교회가 요청된다. 그것은 복음주의적 신앙과 생활의 일치, 평신도 중심의 사역, 2세대를 향한 새로운 꿈을 갖고 한국적인 교회 사역의 특수성을 이해하면서도 이민 1, 2세대를 효과적으로 섬기는 새로운 교회 운동이다.

라. 한국인을 세계 곳곳에 디아스포라로 두신 하나님의 선교적 경륜
   을 깨닫고 이를 구체적으로 실천하며 책임지는 교회가 필요하다.

마. 남가주 사랑의교회 설립 취지는, 이러한 시대의 요청에 따라 충
   성스런 일꾼을 훈련하는 일에 사역의 성패를 걸고 이민교회의
   평신도상을 회복하는 모델적 교회상을 갖고 이민 1, 2세대를 키
   우는 것이다. 남가주에 교회가 모자라기 때문에 교회를 세우는
   게 아니라 하나님께서 지금까지 계속 추구해오신 사람을 키우
   는 일에 눈이 열린 새로운 색깔을 지닌 교회를 사명감을 갖고 설
   립하고자 한다. (중략)

2. 목회 원리

가. 성도 개개인이 복의 대상이 아니라 근원이 되는 삶을 갖도록 하
   는 목회

나. 사람을 훈련시키기 위해 균형을 이루는 목회

   ㄱ. 훈련 사역(사람을 훈련하는 4가지 원리)

   ① 복음에 대한 뚜렷한 확신, 반응, 점검, 분명한 출생 강조(Heart)

   ② 말씀에 대한 구체적 적용과 통찰력, 순종에 대한 훈련, 하나님과의 바른 관
      계성, 청지기적인 삶(Vision)

   ③ 섬기는 삶에 대한 모델상 제시와 실천(Skill)

   ④ 생명의 열매를 맺게 하는 것

   ㄴ. 위로 사역: 이 사역은 이민교회 특수성과 관계되어 있다.

   ① 특히 이민 가정과 개인을 복음으로 치유하는 일이 필요하다. 이민교회가
      약한 것은 이민 가정이 약하기 때문이고, 가정이 약한 것은 남편과 아버지
      가 약하기 때문이며, 남편과 아버지가 약한 이유는 아무도 이들을 훈련시

키지 않기 때문이다. 그러므로 충성스런 남자 일꾼을 키우는 데 투자한다.

② 심방과 다락방을 통한 효율적 위로, 상담 사역

③ 살아 있는 예배를 통해 위로 받는 사역(기존의 무력한 예배에서 탈피, 예배의 활성화 추구)

ㄷ. 설교 사역: 설교 사역은 창립하는 교회의 정신 형성과 비전 확립, 구심점을 이루게 한다.

초신자는 무엇보다도 설교를 통해서 교회와 접촉하게 되므로 그 중요성을 간과할 수 없다. 담임목회자가 소신을 갖고 교역자들과 의논하여 꾸준한 강해 설교를 통해 교회의 영적 수준을 유지하며 오랫동안 경주하는 일이 필요하다.

복의 근원이 되는 사역, 균형을 이루는 목회를 통해 충성된 일꾼을 키우고 전 성도의 목자화, 전 성도의 동력화를 이루어 역동적인 사역을 기한다. (후략)

땀과 눈물과
피를 흘리며

　　교회를 개척할 때 가장 간절한 기도제목은 역시 "사람을 보내주옵소서"입니다. 복된 만남이 참으로 중요합니다.

　　"주님, 브리스길라와 아굴라같이 제자훈련할 수 있는 충성된 부부 다섯 가정만 보내주십시오. 내가 원해서 오는 사람이 아니라 주님이 보내주신 사람과 목회할 수 있도록 도와주십시오."

　　사람에 대한 욕심이 생기기 시작하면 다른 교회 성도를 끌어오기도 하고, 마음에 맞는 사람들을 데리고 새롭게 교회를 시작하는 경우도 종종 있습니다. 그래서 저는 한 가지 원칙을 주님 앞에 두고 기도했습니다. 절대 다른 교회에 눈 돌리지 않는다는 것이었습니다.

　　그러나 개척 초창기, 사람도 없이 예배를 드릴 때의 그 심정은 참으로 비참하고 외롭지 않을 수 없습니다. 한 주 간격으로 새로운 성도가 오면 그야말로 버선발로 뛰어나갈 판이었습니다. 그런 와중에 어느 교회도 정착하지 못하는 형제 몇 명을 초대해서 정식으로 제자훈련에 임하게 되었는데, 바로 그들이 남가주 사랑의교회의 첫 열매들입니다. 그리고 뒤를 이어 한 가정이 함께함으로써 젊은이 10명과 장년 한 가정으로 교회의 외형적인 틀이 잡히기 시작했습니다.

장로교회가 교회를 세우는 데는 두 가지 방법밖에 없다고 생각합니다. 전도 목사를 파송해서 교회를 세우든지, 아니면 지교회를 만들어서 전도 목사를 파송하는 것입니다. 그런데 오늘날 많은 교회에서 드러나는 문제가 무엇입니까? 목사가 마음에 안 든다고 뜻이 같은 사람 몇몇이 따로 나와서 교회를 세우고는 그들의 마음에 맞는 목사를 모셔다가 예배를 드리는 일이 종종 있지 않습니까? 그런 경우는 아무래도 은혜가 반감될 수밖에 없습니다. 교회를 세울 때는 은혜롭게 시작해야 합니다. 그러기 위해서는 사람에 대한 욕심부터 버리고 오직 기도에 매진해야 합니다. 저 역시 주님께 매달렸습니다.

"주님, 주님께서 누구든지 보내주시면 보내주신 그 사람과 함께 목회를 하겠습니다. 주님께서 사람을 보내주십시오."

남가주 사랑의교회는 처음부터 전도집회를 열었습니다. 그때 첫 강사로 와주신 분이 이동원 목사님입니다. 기도의 씨를 뿌린 후 열었던 전도집회는 역시 말씀의 은혜가 넘쳤고, 그때 예수님을 처음으로 믿고 영접한 젊은이가 계속적인 헌신을 하여 남가주 사랑의교회 집사로 섬기고 있습니다. 이런 아름다운 이야기가 참 많습니다.

분명 하나님께서 기뻐하실 거라는 믿음이 생기면서 전도의 불을 계속 지펴나갔습니다. 제자훈련에 대한 꿈을 갖고 시작하는 이 남가주 사랑의교회를 알릴 수 있는 기회를 달라고 기도했습니다. 그런 광고가 정보information가 아니라 영적인 동기부여motivation를 제공하는 도

최초의 제자훈련반.

남가주 사랑의교회는 이렇게 시작되었다.

제자가 제자를 낳고, 또 제자가 제자를 낳고….

구가 되게 해달라고 기도했습니다. 마태복음 5장 14-16절 말씀에 비추어 보면서 정말 내가 섬기는 교회에 생명의 빛이 있다면, 빛을 발하는 교회에 숨길 수 없다고 믿었습니다.

"너희는 세상의 빛이라 산 위에 있는 동네가 숨겨지지 못할 것이요 사람이 등불을 켜서 말 아래에 두지 아니하고 등경 위에 두나니 이러므로 집 안 모든 사람에게 비치느니라 이같이 너희 빛이 사람 앞에 비치게 하여…."

이처럼 모든 사람에게 비치는 것, 그것이 바로 교회를 안내하는 핵심입니다. 사람들에게 미움을 받는 교회보다 무시당하는 교회가 더 비참한 이유가 바로 이것입니다. 어떻게 하면 무시당하지 않고 올곧게 자리매김할 수 있느냐를 연구해야만 합니다. 무엇보다 열려 있는 상태에서 자연스럽게 교회를 알려야 합니다.

개척 초기에 여러 언론사에서 남가주 사랑의교회를 취재하기도 했지만, 그 후로는 가급적 인터뷰나 취재를 피했습니다. 적어도 5년이 지날 때까지는 그 열매를 알 수 없기 때문입니다. 섣불리 교회 이미지를 알리는 것보다 이미지를 만들고 가꾸어가는 전략 그리고 기다림이 더 중요했던 것입니다.

'남가주 사랑의교회'라는 교회의 이미지와 교회 이름의 이미지, 이 지역의 이미지와 오정현 목사의 이미지가 맞아떨어져야 한다는 것이 그때의 큰 바람이요, 기도제목이었습니다. 그러기 위해 우리가 집중적으로 쏟은 노력이 바로 '제자훈련'이었습니다. 제자훈련은 선택 사항이 아니라 교회 사역의 본질입니다.

활주로 앞에서
이륙을 꿈꾸다

유년 시절, 아버지께서 교회를 개척할 때 하시던 말씀이 있습니다. 교회 개척은 땀과 눈물로 이루어진다는 것입니다. 후에 제가 직접 교회를 개척할 초기, 밤 11시까지는 제자훈련 사역에 집중하고 이후 새벽 2시까지 심방을 한 뒤 잠깐 눈을 붙이고 나서 새벽기도를 나가는 식의 꽉 짜인 생활이 계속되었습니다. 그러던 어느 날 오후 프리웨이에서 앞차와 충돌해 눈을 떠보니 병원에 있었습니다.

참으로 겁 없이, 미친 사람처럼 일사각오로 개척에 임하던 시절이었습니다. 당시 제가 주님 앞에 가졌던 마음의 소원은, 가능하면 너무 늦지 않게 사역을 이륙시키고 싶다는 것이었습니다. 어느 정도 이륙하지 않으면 계속 엉금엉금 기어갈 수밖에 없기 때문입니다.

사역을 이륙시키기 위해서 필요한 것 중 하나가 생명력 있는 예배인데 그러기 위해서는 찬송에 민감해야 합니다. 저는 어려서부터 찬송 부르는 것을 너무 좋아하다 보니까 기도를 할 때도 그와 관련된 기도를 많이 했습니다.

"하나님, '높은 미'까지 올라가는 찬송을 부르려면 최소한 100명은 모여야 합니다. 30~40명으로는 힘이 달려서 부를 수가 없으니 연말까지는 100명이 모여 이 찬송을 힘 있게 부를 수 있도록 해주십시오."

찬송을 부르다가 그렇게 기도하며 악착같이 하나님께 매달렸습니다. 그해 12월 마지막 주에 104명이 왔습니다. 마침내 남가주 사랑의교회가 이륙 신호를 올리게 된 것입니다. 제자훈련이다 심방이다 하며 미친 듯이 뛰었지만 부교역자도 없는 힘든 상황에서 하나님께만 매달렸을 때 마음의 소원대로 주님께서 긍휼을 베풀어주셨던 것입니다. 그 후로는 숫자에 얽매이지 않고 모든 찬송을 선택할 수 있는 자유함을 누릴 수 있었고, 폭발적이라 할 정도의 성장을 주께서 이루어주셨습니다.

객관적으로 평가할 때 남가주 사랑의교회 성장 요인의 첫째는 시대의 요청에 맞는 사역이 이루어졌기 때문입니다. (70년대 말에 한국교회에 제자훈련 사역이 꼭 필요했던 것처럼, 80년대 말에는 이민교회에 균형 잡힌 제자훈련 사역이 필요했습니다.) 둘째로 좋은 평신도 지도자들을 훈련할 수 있었다는 점을 들 수 있습니다. 또한 같은 부류의 분들이 몰려들었다는 점도 성장 요인으로 꼽고 있습니다. 셋째로 늘 시대를 새롭게 바라보는 리더십이 흔들림 없이 팀워크를 이루어나간 것도 큰 역할을 했다고 말할 수 있습니다.

제자훈련으로 어떻게 사역의 어려움들을 극복할 수 있었는지는 뒤에 자세히 언급하겠지만, 그에 앞서 남가주 사랑의교회가 어떻게 성장했는지 도표로 제시하고자 합니다. 이것은 '제자훈련 장벽 돌파'에 대한 이야기에 앞서 객관적인 증거를 보이려는 것입니다. 제가 미국 신학교에서 공부할 때 담당 교수가 귀에 못이 박히도록 강조한 "논문을 쓸 때는 반드시 그 논문을 뒷받침할 근거가 있어야 한다"라는 가르침에 따른 것이기도 합니다.

이런 도표를 독자들 앞에 공개한다는 것이 부끄러울 뿐이지만, 이를 무릅쓰고 이렇게 공개하는 데는 두 가지 이유가 있습니다.

첫째는 제 글을 뒷받침할 근거가 제시되길 원해서입니다. 둘째는 이 증거와 현장 분석 자료가 동료, 선후배 목사님들이 덜 신고後苦를 겪고 사역을 효율적으로 이끌어가는 데 도움이 될 수 있지 않을까 하는 마음으로, 제자훈련 사역을 통해 남가주 사랑의교회에 베푸신 하나님의 긍휼하심을 나누려는 것입니다.

연도	성인(명)	주일학교(명)	전체 성도(명)
1988(시작)	12	4	16
1988(말)	104	60	164
1989	162	107	269
1990	274	176	450
1991	404	267	671
1992	750	427	1,177
1993	850	650	1,500
1994	1,101	750	1,851
1995	1,200	755	1,955
1996	1,283	781	2,064
1997(4월 현재)	1,410	800	2,210

표 1. 출석 통계(등록이 아닌 출석을 중심으로)

* 1997년 4월 현재 등록 성도는 2,630명(성인 1,780명, 주일학교 850명)

연도	다락방 수(개)	다락방 출석 인원(명)	출석률(%)
1988(시작)	13	54	59.3
1989	16	111	68.5
1990	21	242	85
1991	26	302	74.8
1992	49	393	52.4
1993	56	465	54.1
1994	81	570	51
1995	81	589	52
1996	90	645	50.3
1997(4월 현재)	101	701	50.2

표 2. 성인 다락방 통계

연도	결산(단위 1,000$)	증가율(%)
1988	100	162.5
1989	320	113.5
1990	516	97.1
1991	887	32.7
1992	1,235	25.3
1993	1,420	11.1
1994	1,580	12.5
1995	1,901	25.5
1996	2,216	17.5
1997(4월 현재)	2,582(경상비)	16.5

표 3. 결산 증가표

* 건축 예산 4,500,000$ (원화 40억 5,000만 원) 제외

훈련 프로그램	수료 및 졸업자
새가족반(6주 등록 프로그램)	수료자(1~54차) 2,225명
다락방	101개
성경대학	수료자(1~2기) 480명
교사훈련원	수료자(1~6기) 475명
QT 상설반(8주 코스)	수료자(1~23기) 780명
새일꾼반(4개월 코스)	수료자(1~13기) 957명
제자훈련반(1년 코스)	졸업자(1~4기) 605명
사역훈련반(1년 코스)	졸업자(1~5기) 373명
전도폭발반(4개월 코스)	수료자(1~12기) 295명
교사 및 선교훈련 세미나	수료자(1~3기) 295명

표 4. 훈련 프로그램

이 통계에서는 등록 인원 대비 훈련 인원의 비율이 상당히 높다는 것을 발견할 수 있습니다. 이는 훈련이 얼마나 철저하게 이루어지고 있는가를 짐작하게 합니다. 주목할 만한 사항은 이런 흐름이 담임목사의 안식년 기간에도 흔들림 없이 지속되었다는 것입니다. 이렇게 성장하기까지 이끌어주신 하나님께 모든 영광을 돌립니다.

남자 성도들을
교회의 헌신자로

'제자훈련' 하면 보통 성경공부의 일종으로 성경을 암송하고 전도하는 법을 공부하는 것이라 생각하지만 사실 그것만이 제자훈련의 전부는 아닙니다. 제자훈련이란 말 그대로 예수님을 닮아가는 사람을 만드는 작업입니다.

첫째는 주님께 자신의 삶을 전적으로 드리는 '전적 위탁의 작업'이라 말할 수 있고, 둘째는 우리 자신을 종으로 드리는 것, 셋째는 주님의 증인으로 살아가는 것입니다. 그런데 이 세 가지 중 전적 위탁이라는 말도 인격의 문제요, 종이 된다는 것도, 증인이 된다는 것도 인격의 문제이기 때문에 제자훈련은 바로 삶 자체를 다루어야 한다는 사실을 깨닫게 됩니다. 그리고 예배를 통한 말씀 선포, 성령 치유 등 이 모든 것이 다 포함된 균형 잡힌 훈련이어야 합니다.

남가주 사랑의교회에서는 제자훈련을 통해 사역의 기쁨을 누리는 법, 이민생활의 기쁨을 누리는 법을 가르치면서 삶을 변화시켜나갔습니다. 그러자 삶의 기쁨과 풍성함에 대한 간증이 쏟아져 나왔습니다. 당시 저와 함께 제자훈련을 가장 먼저 했던 김홍장, 최성철 장로님은 얼마나 놀라운 믿음의 진보와 덕을 보여주셨는지 모릅니다. 남가주 사랑의교회 사역의 핵심으로 자리 잡으셨을 뿐 아니라 그 후 남성 사역이 왕성하게 일어나는 데도 밑거름이 되신 분들입니다. 그 외에도 박범성, 양신봉, 인연수, 라순용, 유재삼, 이민호, 이영대, 한운경, 김부현, 이기섭 장로님이 함께 땀 흘리며 수고해주셨습니다.

남가주 사랑의교회 특징 중 하나가 남자와 여자 성도의 수가 비슷하다는 것인데, 그중 '순장'이라고 부르는 평신도 지도자들의 85퍼센트가 남자 성도들입니다. 이것은 매우 독특한 사례입니다. 앞으로의 교회 사역은 남성도들을 헌신자로 이끌어내느냐 그렇지 못하느냐에 달렸다고 저는 확신합니다. 여기에 남가주 사랑의교회에서 남성 사역을 했던 경험을 바탕으로 쓴 원고를 소개합니다. 이를 계기로 남성 헌신자들이 교회에서 어떤 의미가 있는지 생각해보았으면 합니다.

남자들이 교회의 주력·헌신자가 되는 것은 불가능한가

저는 아들만 4형제를 둔 개척교회 목사 집안의 장남으로 태어났고, 대학 시절부터 주로 교회 내 남성들과 제자훈련 사역을 해왔기 때문에 사역 자체에 남성 취향적인 면이 있는 편입니다. 청년·대학부 사역을 거쳐서 지금 개척하여 섬기는 교회까지 돌아보면 주로 남자 성도 비율이 상당히 높았던 편이고 지금 섬기는 교회 역시 중형교회를 넘어선 규모인데도 성도의 절반 이상이 남성들로 구성되어 있습니다(대체적으로 한국교회의 남녀 성도 비율은 3:7정도이고 미국교회의 경우 남녀 비율이 4:6정도인 것으로 알려져 있음).

제가 목회자로서 갖고 있는 변함없는 소신은 이 사회가 변하려면 교회가 바뀌어야 하고, 교회가 변화의 능력을 가지려면 가정의 가장이 바뀌어야 한다는 것입니다. 달리 말하면 남성이 변화되고 제자리를 찾아야 이 시대에 지속적인 영향력을 끼칠 수 있다는 것입니다.

왜 한국교회는 헌신하는 여성도들은 많은데 남성들의 사역은 위축되었습니까? 초창기 복음이 들어왔을 때, 복음은 억눌린 자의 입장에 있던 여성들에게는 환희가 터져 나올 만큼 기쁜 소식이었고, 은혜를 받는 데도 우리 할머니들, 어머니들이 더 열심이었습니다. 복음이 들어간 곳마다 여성도들의 사역의 꽃이 더 만개한 것도 이런 이유에서였을 것입니다.

한국의 보수적인 남성 문화 자체가 우주적 교회의 스타일에 쉽게 접근할 수 없었고, 한국 근대사를 볼 때 제2차 세계대전, 6·25 전쟁 등으로 남성 인구가 다른 나라에 비해 상대적으로 감소된 것도 무시하지 못할 요소입니다. 또한 지난 30여 년간 성장 우선주의를 고집하다 보니 모든 것이 일 중심이었고, 따라서 세상과 동떨어진 듯한 은둔적인 교회의 이미지는 교회 내의 남성들을 위축시켰습니다.

그러나 무엇보다 중요한 것은 한국교회의 강단이 남성들을 붙잡지 못했기 때문입니다. 설교의 내용이나 질에 있어서 남성들이 공감할 수 있는 선이 굵은 메시지가 약했다는 말입니다. 일제강점기만 하더라도 현세를 극복하고 하나님 나라를 확장시키는 메시지보다는 체념적, 관념적인 설교를 하는 설교자들이 많았으며 심지어 현세에 대한 도피적인 내용을 전하는 설교자들까지 있었습니다.

70년대 후반부터 불어닥친 남자 성도들에 대한 제자훈련 이전에는, 목사가 여자 성도들의 소대장(?)같은 성향이 강했다고 볼 수 있습니다. 어떤 면에서는 목회자들이 남자 성도들보다는 여자 성도들을 상대하는 것이 더 익숙한 상황이었고, 교회문화는 남자들의 문화와 잘 접목되지 않았습니다. 남자들이 고민하는 사업, 직장, 일에 대한 세계관이 교회가 가르치는 방향과 다른 세계의 내용이었기에 남성도들 가운데 이원론적인 그리스도인도 많이 나타났습니다. 이들이 영적인 힘을 잃고 머리카락 잘린 삼손처럼 되어버렸던 것입니다.

성경은 남성들에 대해서 무엇이라 말합니까? 우선 남성은 가족 신앙의 제사장입니다. 구약시대에 가족 신앙의 책임은 아버지에게 있었습니다. 그래서 가장인 남성은 아버지로서의 책임과 동시에 신앙의 제사장 임무를 겸임하게 된 것입니다. 지금도 유대인의 가정에서 신앙만큼은 아버지의 몫입니다.

둘째, 아버지는 하나님께서 조상에게 주신 복의 수혜자이자 근원입니다. 복을 빼앗긴 아들 에서는 아버지 이삭에게 통곡하면서 남아 있는 복을 달라고 애원합니다. 아버지의 축복이 자신에게 이어진다는 당시의 생각이 성경 전체를 통해서 분명하게 드러나 있습니다. 이러한 복의 유전 사상은 후기 이스라엘 시대에까지 계속해서 나타납니다. 아버지의 기도는 늘 능력과 효력이 있었습니다. 지금도 자식을 위한 아버지의 기도는 언제나 힘 있게 다가옵니다.

셋째, 남성은 가족의 선교사로서 존재합니다. 올림픽을 볼 때면 언제나 가슴 졸이게 하는 대목 중 하나가 바로 육상의 계주경기입니다. 선수들 간에 배턴을 주고받는 순간은 언제나 손에 땀을 쥐게 합니다. 자칫 잘못하여 배턴을 떨어뜨리면 그 경기는 끝난 것입니다. 이처럼 신앙의 릴레이에서 아버지는 아들에게 성공적으로 신앙의 배턴을 전달해야 합니다. 아무리 위대한 신앙의 소유자라 할지라도 신앙을 제대로 전수하지 않았다면 사명을 완수했다고 할 수 없을 것입니다. 릴레이 사역을 위해 기도해야 합니다.

그렇다면 어떻게 해야 남자 성도들이 제자리를 찾아서 사역할 수 있을까요? 첫째, 남성들을 말씀훈련에 참여시키고 말씀 사역을 공유하여 은사를 받은 대로 봉사할 수 있게 해야 합니다. 제가 섬기는 교회에는 100여 명의 순장 가운데 85퍼센트가 남성들입니다. 집사 임명도, 아내가 아무리 신앙이 좋아도 남편이 집사 임명을 받기까지 기다렸다가 함께 받도록 합니다. 지금은 남녀 집사 비율이 비슷하지만 초창기에는 남자 집사들의 비율이 압도적으로 많았습니다.

담임목사와 남성들이 말씀 앞에서 솔직하고 투명하게 속마음을 털어놓고 다듬어질 수만 있다면 시간이 좀 걸리더라도 훈련된 평신도 남성 지도자들이 구름처럼 일어날 것입니다. 남성들을 말씀으로 일으키는 일이야말로 하나님의 사역을 세우는 일입니다(엡 4:11-12).

둘째, 장년 남성들의 애환에 초점을 맞추어 주일설교를 하는 것도 큰 도움이 됩니다. 그들의 고민과 짐들에 대해서, 현실과 유리되지 않은 메시지를 전해야 합니다. 직장생활 경험이 풍부한 부교역자들을 채용할 수 있다면 이러한 점에서 큰 도움을 얻을 수 있을 것입니다. 이런 노력이 남성들을 교회 안으로, 사역으로 이끄는 데 중요한 역할을 합니다.

셋째, 무엇보다 성경적인 아버지상을 회복하도록 교회가 관심을 기울여야 합니다. 성경은 그리스도 안에서 일만 스승이 있으되 아버지는 많지 않다고 말합니다(고전 4:15). 참다운 아버지로서 본을 보이는 삶을 강조하고 훈련시킬 수 있다면 남성들의 소중한 섬김이 교회 안에서 멋있게 조화될 수 있을 것입니다.

자녀를 권위 있게 축복하는 일은 아버지의 몫입니다. 오늘날 우리 자녀들은 아버지의 영감 넘치는 축복을 그리워하고 있습니다. 가정에서 아버지들의 권위가 회복되고 아버지가 자식들에게 두 손 들어 축복할 수 있다면 교회에서도 남성들의 권위가 회복되고 남성들이 새롭게 사역에 헌신할 수 있을 것입니다.

넷째, 교회 안에서 남전도회, 여전도회뿐만 아니라 각 직업별로 전문성을 띤 실업인회나 전문인들의 모임을 만든다면 남성들이 더욱 친밀하게 교회 일에 참여하게 될 것입니다. 이러한 교제 가운데 삶을 나눌 수 있는 동역자 의식이 길러질 것입니다.

남성들의 세계에서 통하는 영적 슬로건이 바로 "육신의 피를 나눈 형제보다도 그리스도의 피를 나눈 형제들이 가까울 수 있다"라는 말입니다. 철이 철을 날카롭게 하듯 그리스도의 피로 맺어진 형제애, 영적 동역자 의식을 갖는다면 혼탁한 이 세대 가운데 시대의 풍조에 휩쓸리지 않고 윤리·도덕적인 면, 영적인 면에서 순결을 지켜나갈 수 있게 됩니다.

평신도 동역자들 간에 살아 있는 유기적 관계가 이루어지고 남성들의 은사가 동력화될 때 그들은 예수님의 지상명령을 순종하는 많은 사람들에게 물 댄 동산같이(사 58:10-11) 복의 근원으로서 영향력을 발휘하게 될 것입니다.

〈빛과 소금〉1996년 9월호 게재

교회 탄생 1주년 감사예배.

성인 성도 12명과 함께 시작한 교회는 1년 만에

출석 성도가 주일학교 포함 269명으로 성장했다.

영적 엔돌핀을 생산하는
주일예배

개척 기간 동안 남자 성도들이 제자훈련으로 주님의 제자답게 다듬어지고 교회의 주축이 된 일도 감사하지만, 가장 감사한 것은 매 주일 드리는 예배가 한 번도 천편일률적으로 매너리즘에 빠지지 않고 늘 거룩한 기대감과 신선함으로 채워질 수 있었다는 점입니다. 그것이야말로 하나님께서 주신 큰 복이었습니다.

어느 교회든 성도들에게 가장 중요한 것이 주일예배를 통한 성령 충만의 체험입니다. 저의 할아버지는 주일만 되면 참빗으로 머리를 빗고 옷깃을 여미며 예배당으로 향하셨습니다. 할 수 있는 한 가장 단정한 차림으로 예배를 드리셨는데, 그 모습을 통해 저는 항상 주일에 영육 간 컨디션이 최고조에 이르러야 한다고 생각하게 되었습니다. 그래서 주일만큼은 최상의 컨디션을 유지하며, 주님을 향해서 최고의 기대감을 가지고 섬기려 합니다. 평소에는 좀 피곤하게 보이더라도, 주일예배 시간에는 아주 밝고 반짝반짝 빛날 수 있도록 합니다.

사실 변화한 사람의 증거는 교회의 본질에 대한 일치감을 갖는 것입니다. 예배야말로 교회의 본질 중 본질입니다. 그런데 그런 예배가 성공하려면 좋은 예배자가 좋은 예배를 만드는 것임을 의식화시켜야 합니다. 제자훈련을 통해 그 의식화 작업을 이루어가야 합니다. 또한 무엇보다 예배를 위한 기도가 선행되어야 합니다.

남가주 사랑의교회에서는 주일예배를 위한 기도후원팀이 1~4부 예배마다 따로 결성되어 "주여, 우리 예배를 살려주옵소서!"라는 캐치프레이즈 아래 일주일 내내 기도하고 있습니다. 성도들이 거룩한 기대감을 갖고 교회에 나오도록 하며 기도를 통해 좋은 예배자를 만드는 데 전력투구합니다.

매 주일 예배를 위한 특별 말씀을 주보에 따로 실어서 기도와 예배의 중요성이 이어지게 했습니다. 또한 대표기도를 맡은 분들에게도 다음과 같은 지침을 주어 철저히 준비하도록 했습니다. 참고로 남가주 사랑의교회에서 사용하고 있는 대표기도 지침을 제시합니다.

대표기도를 위한 지침

하나님의 말씀이 영혼의 양식이듯 기도는 영혼의 호흡입니다. 하나님의 말씀이 하나님께서 내미는 손이라고 한다면, 기도는 내가 하나님을 향하여 내미는 손과 같습니다. 그러므로 우리는 말씀에 근거하여 기도하며, 기도로 말씀 안에 거합니다. 기도는 개인의 여러 가지 사정을 하나님께 아뢰는 개인기도가 있고 공중예배나 어떤 모임을 위한 공중기도가 있습니다. 개인기도는 시간에 관계없이 길게 할 수 있지만 공중기도는 제한된 시간에 회중 전체를 대표해서 드리는 기도이기 때문에, 대표자의 입장에서 기도해야 합니다.

그러므로 대표기도는 개인의 사사로운 입장이나 생각 그리고 감정에 기초해서 하면 안 됩니다. 대표기도는 그날 드리는 예배나 모임을 위하여 기도해야 하며 회중 전체의 찬양, 감사, 고백, 간구를 대신해서 드려야 합니다.

기본 지침

첫째, 기도란 무엇인가? 기도란 왜 하는 것인가, 기도는 어떻게 해야 하는 것인가 등 일반 원칙에 대해서 공부해야 한다[예를 들어 E. M. 바운즈의 기도 시리즈, 오 할레스비의 《기도》(생명의 말씀사)].

둘째, 대표기도를 하기 전에 일주일 동안 개인적으로 준비해야 한다.
가. 다음 주의 공동기도를 위해 매일 준비해야 한다. 적어도 주일 대표기도를 위해 1시간은 기도해야 하며 이를 위해 토요일 새벽예배를 반드시 나와야 한다. (즉흥적인 기도보다 준비된 기도여야 한다.)
나. 기도문을 노트에 써보고 기도 내용이 빠지거나 반복되지 않도록 한다.

다. 3분 이내에 할 수 있도록 배려한다. (최대한 3분 30초를 넘지 않는다. 4분이 넘으면 사회자가 뒤에서 알려드릴 것이다.)

라. 대표기도를 맡은 날에는 몸을 깨끗이 하고(가능하면 목욕하고 속옷도 갈아입고) 단정한 옷차림으로 예배 시작 15분 전에 나와서 준비한다.

셋째, 대표기도를 할 때 다음 사항을 주의해야 한다.

가. 개인기도가 아니고 공중기도임을 명심한다.

나. 쉬운 말로 또박또박 분명하게, 뜨겁고 간절하게 한다. 문장은 너무 길면 안 된다. 단순하면서도 소박하게 한다. (뜨겁게 기도하지 않으면 청중은 졸 수밖에 없다.)

다. 개인적인 감정이나 자기의 입장을 변명하지 않고 특별히 기도 중에 남을 설득하거나 충고하거나 설교하지 않는다.

라. 기도는 사람에게 하는 것이 아니라 하나님께 드리는 것임을 명심한다.

마. 목소리를 가장하지 말고 자연스럽게 한다.

바. 대표기도를 맡은 이는 설교자를 도와야 한다.

이와 같이 하는 이유는 제자훈련을 받고 주님의 제자로 살기로 결단한 사람들은 공중예배를 갱신시키고 생명력을 부여할 책임이 있기 때문입니다. 그래서 항상 토요일 새벽기도 때는 주일예배 순서를 맡은 사람들을 앞으로 나오게 하여 그들을 위해 함께 기도하는 순서를 마련합니다. 그러다 보니 예배의 중요성, 거룩함을 잊지 않게 되었습니다.

예전에는 교회에 와서 '우리 목사 설교 어떻게 하나 보자' 하고 팔짱을 끼고 앉아 설교 내용을 가늠하던 이들이 "주여, 오늘 우리 목사님의 메시지를 통해서 우리 교회와 제가 살게 하옵소서" 하고 간절히 기도하는 자세로 변했습니다. 그렇게 마음까지 강단 위에 담임목사와 같이 올라가서 사역하는 공동의식이 생기게 되었습니다. 놀라운 주님의 은혜가 아닐 수 없습니다.

그처럼 예배의 분위기 중 상당 부분은 변화된 이들에 의해 좌우됩니다. 남가주 사랑의교회도 숫자상으로는 3부 예배 참석자가 가장 많지만, 2부 예배 때 더 많은 은혜가 넘칩니다. 왜냐하면 이때 제자훈련 수료자들이 많이 참석하기 때문입니다. 그러니 예배를 위해 문만 열고 들어와도 눈물 흘리는 사람들이 생겨나는 것 같습니다.

한번은 예배위원회에서 다음과 같은 제안을 한 적도 있었습니다. "예배 시간에 지각한 사람들에게 노란색 주보를 드리도록 합시다. 노란색은 경고를 뜻하는 사인이잖아요. 일주일 동안 그리스도인의 생활에서 가장 최상이어야 할 예배 시간에 늦는다면 노란색 주보의 경고는 당연한 것이지요."

처음 그 이야기가 나왔을 때는 모두 웃었지만 그 이후 지각하는 사람들은 노란색 주보를 받게 되었습니다. 받으면서 많은 것을 깨닫게 되었다고 합니다.

이런 일들을 통해 우리는 주일 아침에 기도와 가정예배, 육체적 쉼을 통해 주일 오전 예배가 온 교우들의 육체적, 정서적, 영적으로 최고의 정점peak에 도달할 수 있도록 했습니다. 그야말로 일주일의 첫

날인 주일 오전 예배 시간에 하늘의 영광을 미리 맛보고 영적인 엔돌핀이 생산되어 세포가 춤을 추는 삶을 공유하길 소원하며 하루를 보내는 것입니다.

21세기 노벨상 수상자는
남가주에서

저는 한국과 미국에서 3개의 신학대학원을 다녔지만, 정직하게 말해서 신학교가 저의 사역을 바꾼 것은 아니었습니다. 물론 균형은 많이 잡아주었지만 제 사역의 근원은 한국에서 10년간 해온 캠퍼스 사역, 미국에서의 북미 유학생 수련회 및 젊은이 사역이라고 할 수 있습니다. 젊은이들과 함께 울고 웃으며 땀을 흘리면서 깨닫고 배운 것을 성인 사역에 적용했기 때문입니다.

청년 사역의 특성은 '뭔가가 없으면 당장 안 나온다'는 것입니다. 반대로 삶을 변화시킬 요인이 있으면 하룻밤에라도 당장 사람이 바뀝니다. 즉, 열쇠는 변화와 생명력입니다. 성인 사역을 하면서 제일 고민되는 것이 있다면 너무나 사람이 안 바뀐다는 사실입니다. 그래서 저는 늘 이렇게 강조합니다. "귀신이 들어도 사람이 바뀌는데 귀신보다 더한 성령이 내주한다고 믿는데도 어떻게 바뀌지 않습니까?" 너무도 안 바뀌는 어른들을 보고 있을 때에는, 어른들의 변화가 힘들다면 저는 언제라도 제 마음의 고향인 청년 사역으로 돌아가겠다고 가끔 위협(?)을 하기도 합니다.

젊은이는 어느 때, 어느 사회, 어느 단체를 막론하고 보물 같은 존재입니다. 그들은 훈련만 받으면 얼마든지 성장할 수 있는 가능성을 지녔으며, 내일의 세계를 주도할 인물들이기 때문입니다. 이민 사회도 예외는 아닙니다. 그럼에도 이민교회 젊은이들에게서 무언가 나약한 인상을 지울 수가 없었습니다. 당사자들이 겪는 갈등, 변화의 과정에서 오는 어려움 때문이라 생각되기도 하지만 이럴수록 미국 이민 사회의 청년 사역은 '한인 교포 사회와 미국 사회, 하나님 왕국의 확장을 위한 세계 전도 사역에 공헌할 새롭고 참신한 이미지'가 필요하다고 믿습니다.

오늘의 이민교회 청년 사역은 이중 문화권의 어려움 속에서 신음하는 젊은이들을 그리스도의 사랑으로 위로하고, 그들에게 도전을 주며, 생의 목표를 제시하며, 필요를 채워주는 능력을 가져야 한다고 봅니다. 젊은이들의 가능성을 내다보지 못하고 그 잠재력을 사장하는 교회나 시대, 사회는 소망이 없습니다. 젊은이들이 비전에 눈을 뜨도록 해주고, 그 비전에 합당한 삶을 살 수 있도록 훈련시키며, 그들이 지닌 문제를 해결해주어야 한다고 믿습니다. 그러기 위해서 가장 중요한 것은 복음주의적 방향으로 청년들을 이끄는 것입니다.

그렇다면 어떻게 해야 청년들을 복음주의적 방향으로 이끌 수 있겠습니까? 이 일도 바로 사람을 키우는 일, 즉 제자훈련을 통해서 가능하다고 믿습니다. 한국에서부터 '제자훈련' 사역을 해본 저도 이민 2세 젊은이들을 대상으로 제자훈련을 처음 실시할 때는 과연 이것이 효과가 있을까 의문을 갖기도 했습니다. 하지만 그들의 변화를 지켜보며 지금은 거듭 확신할 수 있게 되었습니다.

역시 이민교회의 가장 큰 문제는 영적으로 성숙한 사람과 젊은이가 적다는 것이었습니다. 따라서 변화된 사람을 통해 함께 나눌 말씀의 진정한 영적 만족이 없이는 그 무엇도 이민 사회 젊은이들의 텅 빈 가슴을 채울 수 없습니다. 그러므로 진정한 청년 사역의 부흥은 주님을 닮은 성숙한 일꾼을 길러내는 데 달려 있습니다.

대부분의 한국 이민교회 청년 사역이 개교회 성인 사역에 종속되다 보니, 교회 봉사 중심에 그치거나, 즉석 시위 효과, 양적 증가에 우선순위를 두고 일관성 없는 반짝 프로그램을 진행하는 경향이 강합니다. 따라서 장기적 안목이 없는 단순한 프로그램을 지양하고 주님을 닮아 그분의 특성을 지닌 그리스도의 일꾼들을 양성하기 위한 장기종합계획(적어도 10년 이상을 내다보는)을 세워야 합니다. 이를 통해 젊은이들이 자립 신앙을 가지고 자라서 모범적인 일꾼과 평신도상을 확립하도록 해야 합니다.

젊을 때 주님을 잘 섬기는 것도 중요하지만 10년, 20년 뒤에도 주님을 잘 섬기는 것이 더욱 중요하다고 생각하도록 훈련해야 합니다. 일반적으로 각 교회 대학, 청년부의 지도자가 바뀌면 성경 교육의 방향이 바뀌는데, 체계가 없이 귀와 머리만 커져가는 폐단을 극복하려면 자체적으로 사람을 키우는 계획을 만들어 일관성 있게 밀고 나가야 합니다. 그럴 때 효과가 있을 것입니다.

청년 사역에서 그리스도의 장성한 분량에 이르게 하기 위해서는 많은 사람을 한꺼번에 훈련시키는 것보다 소수의 사람을 집중적으로 훈련시키고, 개인적인 관심을 기울여야 한다고 믿습니다.

시간이 흐를수록 절실히 깨닫는 것은, 사람을 키우는 일을 게을

리하거나 쉽게 지름길을 택해 방법 중심의 사역을 하려고 할 때마다 그 대가를 더 크게 지불했다는 사실입니다. 소수를 교육하는 원리대로 하면 처음에는 힘들지만 나중에는 배가의 원리로 늘어나기 때문에 오히려 더 유익하다는 것을 경험할 수 있습니다.

이민교회의 이름 중에는 '안디옥교회'가 많습니다. 이는 비록 흩어진 디아스포라지만 조국의 교회들보다 더 효과적으로 세기말을 준비하며 선교의 사명을 다하려는 자각을 보여줍니다. 얼마나 많은 이민교회가 예배 시간에 공적 기도를 할 때마다 안디옥교회와 같은 이방 선교의 전초기지가 되게 해달라고 기도하는지 모릅니다.

이방 선교의 전초기지로서의 사명은 누가 감당하겠습니까? 바로 언어에 큰 불편이 없으며(영어, 한국어, 심지어 스페인어, 불어, 독어 등) 준비되고 훈련된 이민교회 젊은이들이 아니겠습니까? 이들은 하나님 왕국의 확장 사명을 짊어지고 갈 다음 세대의 거대한 잠재력 덩어리들입니다.

아직까지 경제적으로나 정치, 사회적으로 어려움을 당하는 조국의 젊은이들에 비해 이민교회 젊은이들은 너무나 풍요한 환경에 둘러싸여 있습니다. 예를 들어 한국에서는 수양회를 마치고 버스로 귀가하지만 이곳에서는 각자가 자기 차를 타고 가는 실정입니다.

하나님께서 이민교회 젊은이들에게 이런 환경을 허락하신 가장 큰 이유는 모든 민족과 족속에게 복의 근원이 되기 위함이라고 생각합니다. 그럼에도 아직까지 우리는 복의 대상이 되는 데에만 관심이 있을 뿐 복의 근원이 되는 삶에 대해서는 자각이 부족합니다. 이민교회 젊은이들이 복의 근원에 대한 의식이 깊어지고, 그 가운데에서 많은 일꾼들이 나올 때 하나님 나라 확장에 일익을 담당하게 될 것입니다.

특히 공산권 선교는 이곳 이민교회 젊은이들만큼 적격자가 없습니다. 그래서 저는 이들이 조국의 통일에 중요한 역할을 하리라 믿고 있습니다.

성숙한 이민교회를 기대한다면 앞으로 21세기의 주인공으로 일할 이민교회 젊은이들을 복음적으로 잘 양육하고 훈련시켜야만 합니다. 남가주 사랑의교회도 그러한 꿈을 갖고 청년 사역에 더욱 주력할 것입니다. 그리하여 이민 사회의 어두움과 부패를 몰아낼 실력을 갖춘 빛과 소금들이 많이 배출될 수 있도록 최선을 다할 것입니다. 우리는 가끔 "노벨상은 우리 교회 젊은이들 중에 나올 것입니다" 하며 꿈을 심어줍니다.

우리는 결코 젊은이들을 향한 복음의 도전을 늦출 수 없습니다. 하나님께서는 이 세상의 미련한 것들을 택하여 쓰시지만 '공부하고 훈련된 미련한 것들'을 더욱 귀하게 쓰시기 때문입니다.

복음
그리고 삶

저는 창조적 목회를 위해서는 최소한 다음의 네 단어, 곧 '복음, 책, 사람, 정서'를 늘 마음에 담고 있어야 한다고 믿어 왔습니다. 그중에서 '복음'은 창조적 사역을 위한 첫째가는 근원이 아닐 수 없습니다.

미국에서 신학교를 다닐 때는 경제적으로 무척 곤궁한 시기였습니다. 2학년부터 3학년 졸업 때까지는 5백 불로 두 아들을 포함한 우리 네 식구가 먹고살아야 했기 때문입니다. 그나마 집세와 십일조를 제하고 나면 달랑 150불만 남았습니다.

그때는 하나님 앞에서 무릎 꿇은 세리처럼 "주님, 저는 죄인이니 저를 불쌍히 여겨주옵소서" 하고 기도했습니다. 어린아이같이 떼를 쓰며 매달렸습니다. "주님, 제가 이 길에 들어선 이상 복음으로만 먹고살게 해주십시오." 부르심에 대한 확신으로 이 길에 들어섰으니 복음으로만 사는 흔적을 갖게 해달라는 마음가짐이었던 것입니다.

이런 마음으로 기도하는 가운데 "가장 귀한 것을 주신 분이 덜 중요한 것은 당연히 주시지 않겠는가" 하는 확신을 얻고 눈물을 쏟았습니다.

사역자들에게도 복음과 생활이 따로따로일 때가 많습니다. 저는 목사의 아들이었지만 구원의 확신이란 말을 19세가 되어서야 비로소 처음 들었으며, 이전에는 복음 전하는 훈련 같은 것을 받아본 적이 없었습니다. 그러나 사역자는 복음의 증인으로서 땅 끝까지, 이 세상 끝 날까지 목숨을 걸고라도 복음을 사실 그대로 증거 하기 원하는 불타는 심령이 있어야 합니다. 하나님이 나를 예수님의 핏값만큼 사랑하신다는 사실만 생각해도 가슴이 쾅쾅 뛰어야 합니다.

십자가, 부활, 재림 등 복음의 핵심이 사역자의 삶으로 체험되어야 합니다. 로마가톨릭은 그리스도의 고난을 강조하고, 그리스정교는 탄생을 강조하지만 우리 개신교의 개혁주의 교회는 십자가와 부활에 중점을 두고 재림과 종말을 아울러 강조하지 않습니까? 이 폭넓은 복음 설교가 사역의 중요한 바탕이 되어야 합니다.

창조적인 목회자는 갈등과 어려움이 생길수록 더욱 복음적인 설교를 해야 합니다. 그렇게 할 때 하나님께서 새롭게 길을 열어주시는 것을 경험할 수 있습니다. 이것은 저의 체험이기도 하거니와 선배 목사님들의 교훈이기도 합니다.

많은 목회자들이 교회 건축을 앞두고 헌금설교를 강조하는데 요즘에는 돈 이야기를 하면 귀를 닫아버리는 성도가 많습니다. 이럴 때 복음으로 가슴이 뜨거워진 목회자가 정말 건축이 하나님의 뜻이라고 믿을진대 '그리스도의 재림', '우리가 오늘 심판대 앞에 선다면', '인간의 종말' 등의 주제를 통해 그리스도의 다시 오심을 일깨우면 성도들이 닫힌 마음을 열게 됩니다.

저 역시 개척한 지 3년 만에 성전 건축을 시작하여 4년 만에 약 360만 불(약 34억 원) 규모의 새 예배당을 건축하고 입당했습니다. 건축하는 1년 반 동안 거의 헌금설교를 하지 않고 그저 복음, 청지기, 재림에 관한 설교를 했는데 재정은 필요한 만큼 채워졌습니다.

목회자가 복음의 삶과 메시지가 선명하다면 성도들은 사역자의 물질관을 신뢰하며, 최선을 다해서 하나님께 헌금할 것입니다. 왜냐하면 복음은 우리를 한없는 창조의 세계로 이끌기 때문입니다. 이것이 설교에 대한 저의 첫 번째 철학입니다. 어려울수록 복음적인 설교를 하라는 것입니다.

언젠가 김진홍 목사님께서 집회를 인도해주신 적이 있는데, 그때 저는 목사님께 이렇게 여쭈어보았습니다.

"목사님, 목사님의 설교철학은 무엇입니까?"

그러자 한마디로 대답하시는 것입니다.

"나는 설교를 잘하려고 하지 않아."

설교란 사람들의 마음을 흡족하게 하려고 하는 것이 아니라 사람들의 심정에 가서 닿는 것, 즉 설교는 '설명'이 아니라 '영감 있는 의사소통'이라는 것입니다. 그래서 저는 토요일 저녁을 제일 좋아합니다. 설교 준비를 다 끝내놓은 상태에서 주일날 말씀을 전할 생각만 해도 기쁨과 기대감이 벅차오르기 때문입니다. 말씀 준비의 산고를 다 끝낸 상태에서도 부담감이 완전히 사라지지는 않지만 기대감이 앞섭니다. 성령께서 하실 일을 기대하기 때문입니다. 그러나 16세 때 첫 설교를 시작으로 23세 때부터는 대학부 설교를 했지만 지금도 여전히 설교를 준비할 때는 진통을 겪으며 두렵고 떨리는 마음이 앞서는 것이 사실입니다. 설교를 준비할 때는 최선을 다해야 하기 때문에, 그 '최선'이란 말 앞에 늘 긴장하고 떨지 않을 수 없는 것입니다.

설교는 목회자의 삶과 직결됩니다. 그러므로 이러한 설교의 특성 앞에서 목회자는 약해지지 않을 수 없습니다. 그러나 하나님의 은혜로 제 약점으로부터 자유로워진 이후 그 약점들에 연연하거나 집착하지 않게 되었습니다. 오히려 다음 설교와 다가올 시간에 기대를 걸고 준비합니다.

한 예를 들면, 경상도 사람들에게는 사투리가 약점이 될 수 있습니다. 그래서 이북 출신 목사님들을 발음을 부러워하기도 합니다. 이북 출신 목사님들이 웅성거리는 회중들 앞에서 특유의 억양을 실어 "좀 조용히 하라우야!" 하고 한마디만 하시면 회중은 어느덧 조용해집니다. 그런데 경상도 출신 목사님들이 나와서 "좀 조용히 해주이소, 예?" 하면 사람들이 웃고 맙니다.

저 역시 경상도 사투리 때문에 제법 고민을 했습니다. 마치 영어를 못 하는 사람이 머릿속으로 문장을 만들어서 한참 후에야 입을 떼듯이 설교할 때 고생을 많이 해야 했습니다. 말을 또박또박 끊어서 할 것, 첫 발음에는 악센트를 넣지 말 것 등을 머리에 새기며 설교를 했습니다. 그런데 어느 날 생각해보니 경상도 억양이 약점만은 아니라는 생각이 들었습니다. 경상도 사람들이 흔히 "하나님께서 은혜를 '팍' 주셨습니다" 하고 이야기하는데, 들어보면 얼마나 은혜가 '팍! 탁! 콱! 싹!' 오는지 모릅니다. 이런 의성어, 의태어를 구사하면서 설교하면 어떤 언어도 그 어감이 주는 깊은 맛을 따라갈 수 없는 것입니다.

여의도 순복음교회 조용기 목사님은 '예수 그리스도'가 발음이 안되어 '예수 기리도 기리도' 하시지만 아무도 조 목사님이 설교할 때 졸지 않습니다. 그렇듯 잘 따지고 보면 자신의 약점은 약점만이 아님을 알게 됩니다. 목사는 자신을 끊임없이 계발해야 하지만 약점으로부터 자유로워져서 그것을 더 좋은 쪽으로 계발하는 게 필요하다고 믿습니다.

성령 충만한 제자훈련을 하면 자신을 보는 안목이 달라짐을 경험하게 됩니다. 특히 자기의 약점을 될 수 있으면 숨기던 사람들이 약점으로부터 자유로워지는 모습을 발견하게 됩니다. 영적으로 자유로워지는 것입니다. 이미 결정된 것을 가지고 더 이상 고민하지 않고 내가 더 잘할 수 있는 것을 가지고 기도하는 것입니다. 이는 학교, 지연, 혈연, 가문 등에 매달려 고민하지 말고, 주님을 더 사랑하고 주님을 더 잘 섬기는 본을 보일 수 있는 것, 더 잘할 수 있는 것에 인생이 초점을 맞추라는 뜻입니다.

사탄은 과거에 집착하도록 합니다. 그러나 성령은 미래를 보도록 합니다. 나이 오십이 다 되었으나 입만 열면 젊은 시절에 합격하지 못한 명문대학 타령을 하는 이를 봅니다. 그러나 성령이 주시는 자유함을 가지고 내가 더 잘할 수 있는 것에 삶을 드리면 인생이 흐트러지지 않고 레이저 빔으로 초점을 맞추는 것과 같이 어떠한 어려운 삶의 강철판도 뚫어버릴 수 있는 사람이 될 것입니다.

vision
maker

성령 충만한 제자훈련을 하면

자신을 보는 안목이 달라짐을 경험하게 됩니다.

특히 자기의 약점을 될 수 있으면 숨기던 사람들이

약점으로부터 자유로워지는 모습을 발견하게 됩니다.

영적으로 자유로워지는 것입니다.

이미 결정된 것을 가지고 더 이상 고민하지 않고

내가 더 잘할 수 있는 것을 가지고 기도하는 것입니다.

5

창조적 사역을 위한 나의 사역론

기념집회:1999년 4월 15일 (목)-17일(토)
헌당예배:1999년 4월 18일(주일) 오후 4시

남가주사랑의교회 헌당예배.
건축을 하는 동안 헌금설교가 아니라
복음, 청지기, 재림에 관한 설교를 했는데도
재정은 필요한 만큼 채워졌다.
감격스러운 자리에 함께해주신
김세윤 박사님(가장 왼쪽)과 옥한흠 목사님 내외분.

독불장군의 시대는
지나갔다
팀사역론 1

　　세상은 하루가 다르게 변하고 있습니다. 우리가 섬겨야 할 새로운 시대는 어떤 모습일까요? 아마 과거와는 달리 점점 더 창조력과 유연성이 필요한 사회가 될 것입니다.

　　90년대 이전까지만 하더라도 한국교회는 열심히 기도하고 성실하게 땀 흘려서 영혼을 섬기면 사역의 열매와 보람을 얻을 수 있었습니다. 그러나 지금은 과거의 열심과 충성하는 자세 위에 창조력을 더하지 않으면 아무리 땀을 흘려도 사역의 열매가 신통치 않습니다. 창조력을 얻는 일도 혼자서는 안 되는 시대입니다. 창조력은 독선과 권위주의, 원맨쇼로는 도저히 얻을 수 없는 독특한 구조를 갖고 있기 때문입니다. 따라서 독선적인 보스는 살아남지 못하는 시대라 할 수 있습니다.

　　한국과 일본의 체제는 유교의 영향 때문에 상당히 고압적인 자세의 관료문화를 낳았지만 지금은 관료문화가 통하는 시대가 아닙니다. 권위가 통하던 관료사회도 이제는 잘 짜인 팀워크로 세계 각지에서 수출의 첨병이 되고 있는 민간기업의 방식을 배우지 않으면 살아남지 못합니다. 우리는 이같이 권한 부여, 팀워크라는 말들이 익숙해진 시대에 살고 있는 것입니다.

패튼 장군이나 나폴레옹 같은 카리스마형의 지도자는 퇴장하게 되어 있습니다. 세계 초강대국인 미국의 대통령이라 할지라도 마음을 열고 서로 신뢰하는 대화를 통해 방향을 잡지 않으면 그 리더십을 위협받게 됩니다. 지도자라 하더라도 권한을 위임하고 다음 세대의 일꾼을 키우며, 함께 일한다는 동료 의식을 갖고, 평생 배우겠다는 자세로 살지 않으면 자녀 교육도 힘들고 무역 협상도 못 하는 시대가 될 것입니다.

이제는 한국교회의 특징이었던 성직 계급제도Hierarchy 시대가 아니라 팀워크를 강조하는 수평적 유연성의 시대가 도래했다고 감히 말할 수 있습니다. 그러므로 사역자들은 성경에 나타난 팀사역에 대한 최소한의 기본적인 근거를 찾아야 합니다.

저는 삼위일체 하나님도 팀사역을 했다고 믿습니다. 창세기부터 요한계시록의 클라이맥스에 이르기까지, 특히 창조 사역과 구원 사역에 있어서 아버지 하나님, 아들 예수 그리스도, 성령 하나님이 얼마나 멋지게 팀사역을 했는지 모릅니다.

성부 하나님이 천지를 창조(창 1:1)하실 때 동시에 성령 하나님이 수면 위를 운행하며(창 1:2) 협력하셨습니다. 바울은 만물이 성자 예수 그리스도를 통해 창조되되 "하늘과 땅에서 보이는 것들과 보이지 않는 것들과 혹은 왕권들이나 주권들이나 통치자들이나 권세들이나 만물이 다 그로 말미암고 그를 위하여 창조"된 것을 간파했습니다(골 1:15-16). 하나님께서는 우리 인간을 지으실 때도 서로 역할 분담을 하여 창조하셨습니다(창세기 1:26이 좋은 근거가 될 것입니다. 물론 '우리'라는 복수가 히브리어 강세 복수이기는 하지만 말입니다).

구원사에 있어서도 성부 하나님은 우리를 미리 예정하시고(엡 1:4), 성자 예수 그리스도는 그 은혜의 풍성함을 따라 피 흘려 우리를 구속하셨고(엡 1:4-6), 성령 하나님은 지금도 그 구원의 진리가 우리 것이 되도록 초청하셔서 도장을 찍어주십니다(엡 1:13-14). 이렇듯 삼위일체를 어떤 교리적인 묘사로만 보지 말고, 창조와 구원 사역을 내포하는 것으로 보면 훨씬 생명력 있는 깨달음으로 다가올 것입니다.

창조주 하나님은 팀사역의 표상이셨으며, 삼위 하나님의 연합됨은 공동체의 특징으로 나타납니다. 공동체적인 팀워크가 없이는 연합이 이루어질 수 없습니다. 이처럼 삼위 하나님 앞에서 서로 의지하고, 나누고, 공유하며 이것을 통해 전체를 대표하는 정신이 오늘날 교회 안에서도 그대로 필요합니다. 왜냐하면 지상교회는 눈으로 볼 수 있는 하나님의 형상이요, 예수님이 승천하신 후에 그리스도의 몸이라 불리는 제2의 성육신이기 때문입니다.

삼위 하나님은 서로 다른 인격이면서도 완벽한 상호의존 관계로 우리에게 본을 보이셨습니다. 삼위 하나님은 한 분 한 분의 독특성을 갖고 그들 자신만을 위해서가 아니라 서로를 위해서 존재하신 것입니다. 아버지 하나님은 아들 예수 그리스도와의 관계에서만 아버지라 불리시고 아들은 아버지와의 관계에서만 아들로 불리는 것이 가능했으며, 성령도 말씀하시는 분의 영원한 생령으로 철저한 상호

의존성을 보이는 것입니다. 즉, 각 위로서 인격이 된다는 것은 상호 의존적인 관계를 갖는다는 의미입니다.

이 '상호의존성'은 복음서를 통해서도 알 수 있는데 아들은 아버지를 나타내고 성령은 아들이 임무를 수행토록 도우십니다. 인류 구원 역사에 있어서 아버지는 심판자로서, 아들은 어린양으로, 성령은 보혜사의 역할을 하시며 함께 팀워크를 이루셨습니다.

삼위 하나님이 얼마나 밀접하고 친밀하게 하나 되어 각자의 역할을 수행하셨는지는 관련 성경 구절들을 조금 더 깊이 묵상해보면 좋을 것입니다(요 4:34; 14:9, 26; 16:7, 13, 14; 17:6, 7, 9, 10; 고전 12장; 롬 12장). 이처럼 목회자가 나름대로 시대를 보는 혜안과 성경적인 근거로 단단히 무장하고 있어야 열심과 기도로만 해결되지 않는 답답함을 창조력 있는 사역으로 시원하게 해결할 수 있을 것입니다.

일반 목회에서의
팀사역
팀사역론 2

　　피자가 먹고 싶은 충동으로 꽉 차 있는 젊은이에게는 아무리 맛있는 스테이크나 된장찌개를 준다 해도 그의 욕구를 채울 수 없는 것처럼, 교회 안에서 영혼의 필요에 대해 은사를 가진 자만이 하나님의 도구가 되어 쓰임 받을 수 있습니다.

　　사람은 자신의 삶에서 요구되는 필요를 정확하게 채워주는, 다른 말로 하면 필요를 민감하게 채워주는 교회에만 반응하게 되어 있습니다. 한 사람의 능력이 아니라 여러 사람이 가진 은사가 적재적소에 배치되어 실제적 필요와 느끼는 필요를 만족시켜야 합니다. 이것은 팀사역을 통해서만 가능한 것이며 어느 한 사람이 북 치고 장구 치고 한다고 되는 일이 아닙니다.

　　우리는 팀사역을 통해 교회의 목적인 마태복음 28장 19-20절의 대위임령을 수행하여 하나님께 영광을 돌려야 합니다. 그래야 교회의 영적인 에너지를 엉뚱한 데 소진시키지 않고 각자가 가진 은사를 최대한으로 발휘하여 사람들의 필요를 채워줄 수 있습니다.

가령 담임목사의 은사가 없는 사람이 악착같이 담임목회를 하게 되면 피해가 너무 크기 마련입니다. 육신의 의사가 집도를 잘못하면 한 명을 죽이게 되지만 은사 없는 목사가 목회를 잘못하면 수백 명의 영혼을 죽일 수 있다는 것을 알아야 합니다.

저는 미국에서 M. Div. 과정 3학년 때 이 문제를 철저히 다룰 수 있는 기회를 가졌습니다. 졸업을 앞두고 인성검사와 은사 테스트를 통해 목회자로서 어떤 은사를 가졌는지 수백 개의 문항을 토대로 세밀하게 검증받은 적이 있습니다. 이 테스트를 거쳐 그 사람이 교육목사, 상담목사, 선교목사, 행정목사, 담임목사 등의 여러 역할 중 어느 분야에 적합한지 가려냅니다.

그 후 은사 담당 실천신학 교수가 저를 부르더니 이렇게 말하는 것이었습니다. "오 형제는 확실히 담임목사로 은사 점검 결과가 나왔습니다. 그리 알고 담임목사의 길을 어떻게 더 효과적으로 가야 할지를 기도하고 준비하시오." 당시 졸업생들 가운데 담임목사의 은사를 받은 이는 사분의 일을 넘지 않았던 것으로 기억됩니다.

신학교 졸업 직전 영적 스승인 옥 목사님께서도 "내가 볼 때 오 형제는 담임목회의 은사가 있으니 제자훈련의 꿈을 갖고 교회를 개척하는 것이 좋겠다" 하시며 격려해주셨습니다. 이렇게 개인적인 이야기를 장황하게 늘어놓은 것은 은사대로 섬기는 것이 팀사역에 있어 효율적임을 설명하기 위함입니다.

요즘 같은 다양성의 시대에는 담임목회자가 되는 것만이 최선은 아닙니다. 너무 피곤하고 지친 나머지 위장이 상하고 간이 붓는 담임목사 자리보다는, 오히려 교육이든 상담이든 행정이든 음악이든 자기가 받은 은사대로 사역하는 것이 훨씬 뜻깊다고 봅니다. 저는 아홉 분의 부목사님들과 여섯 분의 전임전도사님, 여섯 분의 교육전도사님 등 총 스물한 분과 함께 사역하고 있기 때문에 이 주장이 단지 이론만은 아니라고 확신합니다.

서울 강남에서 2천여 명의 성도가 출석하는 모 교회가 팀사역을 하려고 마음먹고 준비하기 시작했는데, 1년이 넘도록 수고했는데도 아직까지 제자리걸음이라고 합니다. 담임목사와 거의 동급의 대우를 내걸고 사람을 찾는데도 구할 수가 없다는 말을 들었습니다. 그 이유는 한마디로 교육, 선교, 목회 행정직에 전문성과 은사를 가진 사역자를 모시기가 힘들다는 것이었습니다. 한국교회나 이민교회를 막론하고 이제는 은사와 전문성을 겸비한 팀사역자를 기르고 찾을 때가 되었음을 보여주는 실례라 할 수 있습니다.

신세대는 사고의 경직성이 없는 시대를 살고 있습니다. 이제는 권위에 의존하지 말고 일과 생각을 서로서로 나누는 데 익숙해야 합니다. 따라서 사역자들끼리도 자기의 깊은 생각을 서로 나눌 수 있는 사이가 되어야 목회의 열매가 있을 것입니다.

팀사역을 위해서는 사역과 행정으로가 아니라 순수함과 동일한 영성으로 만나야 합니다. 지금 한국교회에서 팀사역으로 본이 되는 모임과 사역들은 대부분 그 지도자들이 과거 순수했던 대학생 시절에 학생운동을 하면서 만났든지 아니면 사역보다는 인격적인 신뢰관계가 먼저 형성되어 있었기에 감동적인 사역이 이루어지고 있음을 볼 수 있습니다.

코스타(국제복음주의학생연합회)의 북미 유학생 수련회의 역사를 보면 이런 사실이 확연히 드러납니다. 지난 10여 년간 석박사 과정에 재학 중인 만여 명 이상의 학생이 이 집회에 참석했고, 그중 학위를 받고 귀국한 3,500여 명은 현재 각자 맡은 영역에서 그리스도인 전문가로 귀한 본을 보이고 있습니다. 지난 세월 한결같이 이 일을 할 수 있었던 이유는 코스타를 섬기는 지도자들의 팀워크 때문이었습니다.

우리는 한국이 바뀌려면 한국교회가 바뀌어야 하고, 한국교회가 개혁되려면 한국교회의 리더십이 바뀌어야 함을 믿으며 은사를 받은 대로 묵묵히 섬기는 자리에서 이 일을 해왔습니다. 어느 정도인가 하면 수양회가 열리는 기간 동안 기라성 같은 강사들이 사례비를 한 푼도 받지 않고 자비로, 심지어는 헌금까지 해가면서 이 사역을 감당했던 것입니다.

이제는 세계 유수한 대학 교수들 가운데 코스타 출신 교수들을 어렵지 않게 찾아볼 수 있습니다. 한국인 대학생들은 말한 것도 없습니다. 앞으로도 한국의 젊은이들에게 큰 영향을 끼칠 수많은 강사들이 아무런 대가를 바라지 않고 섬길 것입니다. 이것을 보고 혹자들은 코스타를 '강사들의 국력 낭비'라고 할 정도였습니다.

모든 강사가 자기의 영역에서 독특한 자리를 구축한 목사, 교수, 실업인, 전문가들이었는데도 서로를 순수하게 섬기겠다는 정신으로 팀사역을 한 것입니다. 이는 함께 모인 대부분의 강사들이 과거에 가장 순수한 시절에 만나 신앙과 삶을 나누었기 때문에 가능했다고 봅니다. 만약 이런 관계가 아니라면 차선책으로 담임목사나 영적 선도자인 멘토에 의해 키워진 차세대가 팀사역의 가능성을 보여주리라 믿습니다. 이렇듯 은사와 순수한 신뢰가 바탕이 될 때 팀사역이 가능하게 될 것입니다.

윌로크릭 커뮤니티교회의 팀사역
팀사역론 3

       윌로크릭 커뮤니티교회는 새로운 시대를 향해 신선하게 사역하는 교회로 손꼽히는 곳입니다. 저는 여러 차례 이 교회를 방문했습니다. 이 교회는 팀사역에 대해 많은 것을 생각하도록 해줍니다. 교회 대지가 수십만 평이 넘고 건물 면적도 수천 평에 이릅니다. 그런데도 조금 과장해서 말하자면 먼지 하나 찾기 힘들 정도로 깨끗합니다. 그렇게 깨끗할 수밖에 없는 비결이 있습니다. 교회가 크지만 특별한 경우를 제외하면 사람을 고용해서 관리하는 것이 아니라 수많은 자원봉사자들이 청소를 맡아 한다는 것입니다. 매주 토요일 아침이면 수백 명의 성도들이 기쁨으로 교회에서 와서 이곳저곳을 청소하고 있습니다.

    또한 교회의 중요한 사역들에 동참하기를 원하는 수천 명이 자원봉사 대기자 명단에 줄지어 있습니다. 담임목사는 불신자들을 위한 전도 설교와 행정에 은사가 있어 그 은사에 맞는 사역에 집중하고,

또 다른 은사를 가진 목회자들이 깊이 있는 강해 설교와 상담, 소그룹 지도자로 섬기고 있습니다. 이처럼 이 교회는 목회자들 안에서뿐만 아니라 목회자와 평신도들도 좋은 팀워크를 이룬 본보기를 보여주고 있습니다.

"비효율적으로 인도되는 프로그램을 지속시키려면 엄청난 힘이 들지만 팀사역을 통한 효과적인 프로그램 진행에는 아주 작은 에너지만 들 뿐이다."

이것이 윌로크릭 교회의 팀사역 철학입니다. 즉 팀사역을 위해서는 전략적 스태핑 strategic staffing 이 중요하다는 말입니다. 오늘날 같은 전문화 시대에 사역자들은 더 이상 만능인으로서가 아니라 자신의 은사를 알고 각자의 은사를 따라 섬겨야 한다는 주장입니다.

이 교회는 사역자들을 청빙할 때 영적인 은사와 사역에 대한 특정한 소명의식 혹은 정열, 특히 기존의 사역자들과 '기질적으로 관계적으로 팀워크를 잘 이룰 수 있는지'에 초점을 맞춥니다.

중요한 것은 교회가 얼마나 많은 사역자들을 고용하느냐가 아니라 청빙된 사역자들이 그들이 맡은 사역에 얼마나 잘 어울리는가 하는 것입니다. 빌 하이벨스는 이렇게 말합니다.

"우리는 사역을 위해 사역자를 고용하는 것이 아니라 사역자와 사역자, 또 사역자와 평신도들이 사역을 잘할 수 있도록 무장시키기 위해서 사역자를 청빙합니다."

사역자들끼리의 팀사역을 강화하고 팀 스피릿의 관계를 회복하는 데 목회의 우선순위가 있다는 것입니다. 그의 핵심 스태프들 중에 많은 사람들이 교회 역사와 맞먹는 15년 이상 함께 일하고 있는데, 이 사실이 그의 주장을 뒷받침합니다.

담임목사는 지도자들끼리의 관계를 세우는 일에 우선권을 두고, 매주 화요일마다 사역자 모두가 함께 점심을 먹으며 무작위로 선택된 자리배치 카드를 사용하여 매주 새로운 사람들과 교제함으로 성숙한 관계를 만들어가고 있었습니다. 주기적으로 '갈등 해소', '다른 기질의 이해'와 같은 주제들로 세미나를 가지면서 팀 멤버들과의 관계 증진을 위해 풍성하고 기름진 환경을 제공하고 있었습니다.

이제 일할 자리를 만들어놓고 거기에 맞는 사역자를 선택하려는 이전 세대의 스타일을 교정해야 할 때가 아닌가 싶습니다. 먼저 어떤 일이 필요한지 결정한 뒤에 그 필요를 채울 사람을 찾는 식은 순서가 거꾸로 된 것입니다. 이제는 그 사람의 은사가 무엇인지 먼저 파악하고 그 은사대로 사람을 선택하지 않는다면 이 전문성의 시대에 창조적인 사역을 감당할 수 없을 것입니다.

남가주 사랑의교회의
팀사역
팀사역론 4

　　마지막으로 부끄럽지만 제가 섬기는 남가주 사랑의교회를 예로 들어 좀 더 실속 있고 실제적인 자료를 소개하고자 합니다.

　　저는 중요한 일이 있을 때 전임사역자들과 툭 털어놓고 대화를 하는 편입니다. 사실은 대화 정도가 아니라 난상토론에 가까울 때가 많습니다.

　　이 글을 쓰기 전에도 먼저 우리 아홉 분의 부목사님들과 포럼을 갖고 서로 도움을 주고받았습니다. 그렇게 하니 글의 흐름이나 이론적인 뼈대에 걸맞은 실제적인 예를 얻는 데 많은 도움이 되었습니다. 담임목사 한 사람의 인생 경험은 아홉 분의 부목사님들이 겪은 경험과 비교될 수 없기 때문입니다.

　　우리 교회는 주로 화요일 새벽기도를 마치고 오전 6시 30분부터 함께 식사를 하며 교역자 모임을 갖습니다. 이때 주일 오후에 각 위원회별로 책임 맡은 부서에서 미리 컴퓨터에 입력시켜놓은 의제들을 다룹니다. 미리 새벽에 2시간씩 나와서 기도하고 모이니 영적 분위기가 그만일뿐더러 싸울 일도 별로 없습니다. 모임을 마치는 즉시 노트북 컴퓨터를 가진 부목사님이 그 자리에서 정리된 회의 내용을 복사해서 나누어 줍니다.

우리 교회 부교역자들은 모두가 개성이 뚜렷한 편입니다. 출신 지역도 다르고 공부한 신학교도 아주 다양합니다. 물론 기본적인 복음주의 신학의 바탕에서 함께 제자훈련을 해야 하기에 성령론과 종말론에 관한 굵은 줄기는 동일합니다. 그래서 신학 때문에 다툰 적은 한 번도 없습니다. 한 영혼을 구원의 길로 인도하고 그들과 원활한 의사소통이 이루어져 그들을 성숙한 그리스도인으로 양육시키는 데 모든 관심을 집중하기 때문에 다른 것은 나중 일입니다.

따라서 교역자 모임은 담임목사의 눈치나 보는 어전회의가 아니라 서슴없이 의견을 제시할 수 있는 분위기입니다. 담임목사가 젊기 때문이기도 하겠지만, 자기가 맡은 사역의 책임 때문에 그럴 것입니다. 때로는 의견이 달라 큰소리가 날 때도 있지만 뒤처리는 늘 깔끔합니다.

부교역자들은 훈련, 행정, 교구, 청년, 대학, 음악, 선교, 교육, 가정사역 등 맡은 분야가 다르지만 제자훈련 사역만큼은 모두가 공동으로 하고 있습니다. 그들은 삶의 배경과 경험이 모두 다르지만 팀워크가 좋다는 평가를 듣고 있습니다.

그 이유는 첫째로 많은 시간을 함께 보낸다는 데 있습니다. 기도, 운동 등 일 외에도 함께하는 시간을 갖습니다. 따라서 대각성전도집회, 제자훈련지도자세미나 등의 큰 행사들을 치를 때는 서로의 눈빛만 봐도 감을 잡고 호흡을 잘 맞춥니다.

교회가 교역자들의 팀사역을 위해서 많은 투자를 하고 있는 것도 든든한 팀워크의 이유일 수 있습니다. 여름에는 며칠 동안 교역자 전체가 수양회를 갖고, 겨울에는 교역자 가족들이 함께 경치 좋은 곳을 찾아다니며 수양회를 갖습니다. 가족들이 다 모이면 50여 명이나 되기 때문에 겨울에는 숙식비와 교통비가 상당히 들지만 교회가 기쁨으로 지원함으로써 교역자들이 쉼을 얻고 팀워크를 다지는 데 큰 도움을 주고 있습니다.

특히 새로 들어오는 교역자들에게는 팀사역을 위한 신고식(?)이 있습니다. 부교역자들 가운데 장교 출신들이 기도하며 착안한 프로그램으로 인내력, 표현력, 체력, 순발력, 지구력, 담력 등을 기르는 것입니다. 예를 들면 물속에 얼굴을 담그고 일정 시간 버틴다거나 뒷사람이 받쳐줄 것을 믿고 똑바로 선 채 뒤로 쓰러진다거나, 땅 짚고 코끼리 코 돌기를 한 다음 균형을 잡고 서 있는 것 등입니다. 목표는 팀워크 테스트지만 사실은 무척 재미있는 시간입니다. 이런 것은 결코 담임목사의 강요로 이루어지는 것이 아니라 부교역자들이 자발적으로 이끌어가는 것입니다.

수년간 같이 사역한 부교역자들의 공통된 생각은, 팀워크는 그냥 얻어지는 것이 아니라 만들어진다는 것입니다. 이러한 과정을 거치며 신고식을 할 때 "이 교회는 내 힘으로 온 것이 아니라 주님의 부름을 받아 왔고 나만이 가진 은사대로 섬긴다" 하는 것을 다시 한 번 깨닫고 기존 사역자들도 팀사역의 중요성을 되새기게 되는 것입니다. 신고식을 마친 신입 교역자들 입에서 "이제는 교회에서 맡기는 일이면 무엇이든 하겠다", "언제든지 그만둘 수 있다고 생각했는데 이제는 팀워크 때문에 서로 하나 된 은혜로 잘 섬길 수 있게 되었다" 하는 말이 나올 때는 그저 감사할 뿐입니다.

당회와 평신도 지도자들 사이의 팀워크도 중요합니다. 남가주 사랑의교회 장로님들은 기본적으로 성도들 속에서 드러나지 않게 섬기는 정신으로 무장하고 있습니다. 그래서 새로운 교우들이 올 때에 본인보다 더 뛰어난 은사가 있는 분들이 마음껏 일할 수 있도록 분위기를 만들어줍니다. 그러기 위해 교회 주보에는 당회원 이름도 없고, 예배를 마친 후 교회 문 앞에서 성도들과 악수도 하지 않고 그냥 숨습니다.

많은 장로님들이 차량 관리, 셔틀버스 운전 등을 기쁘게 맡아 하십니다. 사회에서는 섬김을 받는 데 익숙한 분들이지만 봉사 차례가 돌아오면 토요일마다 앞치마를 두르고는 주일 점심을 천 그릇씩 준비합니다. 제자훈련지도자세미나 때 미국 전역에서 오시는 목사님들을 공항에서 맞이하는 일까지 묵묵히 해내십니다. 이 모든 일은 담임목사와 최소한 2년 이상 제자훈련, 사역훈련을 하면서 팀워크를 다진 결과입니다. 하나님께 감사와 영광을 돌리지 않을 수 없습니다.

함께 사역하면서 탈진하는 사람도 있는데, 그런 경우에는 가능하면 쉴 수 있도록 배려해주어야 합니다. 은혜롭게 쉬고 나면 대부분 다시 창의적으로 일하기 시작합니다.

팀사역을 위해서 기도하는 자세와 서로에 대해서 정직한 마음을 갖도록 부탁드리고 싶습니다. 교회의 팀사역이 발전하면 세계 복음주의 지도자들, 국가 지도자들, 선교계 지도자들의 팀워크를 위해서도 진지하게 기도할 힘이 생기기 때문입니다.

팀 목회를 하면서 담임목사의 의견대로 안 될 때는 낙심하기도 하겠지만 이를 통해 목사들이 범하기 쉬운, 당회에서 이야기된 것 이상의 일을 하려는 성향을 스스로 통제할 힘도 생깁니다.

교역자들, 당회원들 간에 의견이 일치되지 않을 때는 담임목사든, 은사대로 섬기는 부교역자든, 당회원이든 상관없이 모두가 우리는 교회의 주인이 아니라 청지기라는 생각을 잊지 말아야 합니다. 이럴 때 '내 중심'이 아닌 '하나님의 영광'을 위한 팀 목회가 가능하리라 확신합니다.

신년예배를 마치고 교역자들이 모였다.
이분들은 단지 내 목회 사역을 돕는 심부름꾼이 아니라
목회철학과 방향을 놓고 난상토론을 벌일 수 있는 동역자요,
수준 높은 검증자들이다.

제자훈련과 성령 사역은
접목될 수 있는가

교회를 개척할 당시만 해도 '제자훈련'이란 개념
이 매우 생소했지만 지금은 그리 낯설지 않을뿐더러 많은 교회에서
제자훈련을 도입해서 열매 맺은 사례들을 접하게 됩니다. 그런데 오
늘날 제자훈련을 하는 교회가 지적 받는 부분도 있습니다. 바로 지
나치게 한 지도자의 모습만을 닮게 한다는 비판입니다. 그러나 만약
제자훈련을 이끄는 목사가 성령론과 교회론만 분명히 정립할 수 있
다면 많은 약점의 담들을 뛰어넘을 수 있습니다(시 18:28-29).

저는 제자훈련을 실시하면서 성령 사역이 뒷받침될 수만 있다면
"제자훈련하는 교회는 성경공부는 강한데 기도가 약해"라든지, "제
자훈련하는 사람들이 성경 지식은 많은데 전도의 열매가 없어", "제
자훈련을 받는 사람들이 예수님을 닮는 것이 아니라 목사를 닮아가
고 있어" 하는 말들이 무색하다는 것을 깨달았습니다. 그런 말들이
야말로 진정한 제자훈련을 하지 않는 교회 지도자들의 변명이요, 탁

상공론에 지나지 않습니다.

저는 항상 "성령이 함께하시지 않는 제자훈련이 과연 가능한가?" 하는 질문을 해보고 있습니다. 1~2년이 아니라 10년, 20년을 한결같이 미련한 곰처럼 제자훈련에만 집중하는 것이 과연 성령의 도우심 없이 인간의 의지로만 가능하겠느냐는 말입니다. 예수님께서 승천하신 후 성령을 보내셔서 예수님의 몸인 교회를 세우시고 지금 그 성령이 우리와 함께 계신다고 한다면 장기간의 제자훈련이 성령의 역사 없이도 과연 가능하겠습니까? 자신의 시간 중 대부분을 몇 사람을 위해 바치는 것, 그들의 삶이 변화되어 예수님처럼 살도록 수년 동안 진액을 다 빼는 것이 과연 성령의 은혜가 아니고서 이루어질 수 있겠습니까?

저는 제대로 된 제자훈련 사역치고 변화가 없는 것을 본 적이 없습니다. 그렇다면 왜 제자훈련과 성령 사역의 균형 잡힌 조화가 어렵다고들 할까요? 성령론에 대해서는 알지만 성령 사역에 대한 실제적인 이해가 없어서 그렇습니다. 성령 사역에 대해 공부만 했지 성령을 통한 생명력 있는 사역의 현장을 경험한 적이 없기 때문입니다.

요한복음 7장 37-39절에 믿는 자는 그 배에서 생수의 강이 넘친다고 했는데 지금 내가 하는 사역이 생수가 넘치는 사역인지 아니면 메마르고 힘든 상태인지는 누가 말해주지 않아도 자기 안에 있는 성령의 사역 측정기가 더 잘 알려주고 있을 것입니다.

제자훈련하는 사역자들은 대개 일반 부흥사들과는 사역의 색깔이 다릅니다. 그렇다고 그 사람들이 물의 종도 아니고 불의 종도 아닌 평범하고 어정쩡한 상태에서 그냥 메마른 사역만 해야 하겠습니까? 언제까지 우리가 섬기는 양들에게 '성령에 관해서만' 말한다거나, 말씀의 떡만 주고 성령의 생수는 주지 않을 수 있겠습니까? 그러므로 어떻게 하면 말씀 사역과 성령 사역을 균형 있게 조화시킬 수 있을까 하는 것이 제자훈련하는 목사들의 관심사일 수밖에 없습니다. 데살로니가전서 1장 5-6절 말씀과 같이 우리의 복음이 말로만이 아니라 오직 능력과 큰 확신으로 나타나야 합니다.

저는 청년 시절, 예수원에서 철저히 성령께 의지하는 대천덕 원장님의 삶을 접하면서 평소에 믿어왔던 신앙 세계와는 질적으로 다른 세계에 눈을 뜨게 되었습니다. 하지만 저의 신학적인 바탕은 총신대 신학대학원, 미시간 칼빈 신학대학원의 개혁주의적 성령론의 영향을 계속 받았고, 오늘날 은사에 대해서(특히 방언과 신유에 대해서) 엄격하기로 소문난 탈봇 신학대학원에서 수학했으니 성령의 실제 사역과 이론이 따로따로 분리된 상태였던 것 같습니다. 제가 속한 교회의 전통과 신학적인 바탕의 특성은 성령의 인격성에 관해서는 탁월했지만 성령의 능력을 통한 사역의 풍성함과 열매에 대해서는 가난뱅이 신세를 면치 못했던 것입니다.

저는 대학생 시절부터 지금에 이르기까지 제자훈련을 받고 또 제자훈련을 하다 보니 제자훈련하는 목회자들이 경험해야 하는 사역의 패턴을 어느 정도 정리한 것 같습니다. 좀 더 깊은 이해를 돕기 위해서, 제자훈련하는 목회자들이 밟아야 할 사역의 과정을 제안하면 다음과 같습니다.

첫째는 누가 뭐라 해도 복음의 형식보다 복음의 내용과 질에 눈을 떠야 한다는 것입니다. 어떤 분이 지적한 대로 교리적 복음주의자에서 고백적 복음주의자로 바뀌어야 한다는 뜻입니다. 이 말은 교리가 중요하지 않다는 말이 아닙니다. 사도 바울도 바른 교훈(딛 2:1)의 중요성을 강조했는데, 이처럼 바른 교리가 있어야 진실되고 깊이 있는 바른 신앙이 형성될 수 있습니다. 하지만 교의든 교리든 그와 같은 것들은 사람의 영혼을 구원한 다음 단계의 일입니다. 이런 의미에서 현대 사상가요 신학자인 프란시스 쉐퍼가 오히려 자기는 복음 전도자라고 고백한 것은 진정한 신앙인의 모습을 보여줍니다.

제자훈련을 시작하면 처음에는 복음과 말씀의 깊이 때문에 싱글벙글하지만 어느 시점이 지나면 인간적인 한계를 느낄 때가 많습니다. 그러나 자신의 신앙고백 위에 형제를 위하여 깨어지는 삶, 섬김의 삶에 대한 안목이 열려야 하고 그 섬김을 위한 실천의 장이 마련되어야 합니다. 이렇게 될 때 고백적인 성경공부의 흐름이 지탱될 수 있습니다. 이것이 바로 제자훈련하는 목회자들이 밟아야 할 두 번째 사역의 과정입니다.

형제를 위하여 깨어지는 삶, 섬김의 삶 역시 성령 사역에 대한 눈이 열리지 않으면 불가능합니다. 이 단계에 와서 목회자는 반드시 균형 잡힌 성령 사역을 하고 그러한 삶을 보여주어야 합니다. 물론 자아가 깨어져서 계속 주님의 일에 헌신하는 것, 세계 선교에 대한 비전으로 영적 재생산(사 58:10-12)의 능력을 갖는 단계도 필요하고 소중합니다. 하지만 이 모든 것이 성령의 사역과 끊을 수 없는 관계로 단단히 이어져 있음을 목회의 실제 현장에서 체득할 때 제자훈련의 장벽들이 무너질 것입니다.

성령의 외적 충만과
내적 충만의 균형을 위해

　　성령의 사역에 관해서 완벽한 신학적 이론을 가졌다고 자신하는 것은 그 자체가 교만이요, 독선입니다. 성령론에 관한 한 우리는 늘 겸손해야 하고 자신의 부족함을 인식해야 합니다.

　　귀신도 사람을 변화시키는데 귀신과는 상대가 안 되는 성령의 내주하심과 능력 부어주심이 사람을 변화시킬 수 있음은 당연한 이치입니다. 우리는 어떻게 한 번 받은 그 은혜로 찰스 피니나 무디처럼 평생 지치지 않고 주님을 섬길 수 있는지에 관심을 모아야 합니다.

　　오늘날 사탄의 가장 큰 전략 중 하나는 중요한 것을 웃음거리로 만들어버리는 것입니다. 구원의 확신이 무척 중요하기 때문에 오히려 구원파를 보내어 구원의 확신을 조롱합니다. 성령의 사역은 인격적인 변화뿐 아니라 능력, 치유, 기적도 일어나야 하는데 소위 성령운동을 한다고 하는 미국의 TV전도자들이나 부흥사들의 비인격적인 작태 때문에 성령의 사역이 평가절하 되는 지경까지 이르게 된 것입니다.

하지만 제자훈련을 하면 할수록 지치지 않는 기도생활, 샘솟는 영감, 찬양의 능력, 담대한 복음 증거, 참다운 영성 회복 등을 사모하지 않을 수 없습니다. 이런 내용은 인격적인 것도 있지만 사역적인 측면이 오히려 더 많은 비중을 차지합니다. 이것이야말로 우리의 전도가 지혜의 말로만 이루어지는 것이 아니라 성령의 능력과 그것을 간절히 사모하는 자세일 때 가능하다는 것을 말해줍니다.

이제는 귀로만 듣는 '듣는 복음'의 차원에서 성령의 현장을 눈으로 보고 만지게 하는 '보는 복음'으로 승화시켜야 합니다. 글을 쓰다 보니 자칫 저의 성령 사역론에 관한 입장이 설익은 것으로 평가받으면 어쩌나 조심스러운 마음도 있지만, 오직 제자훈련의 한계를 극복한다는 것에 초점을 맞추어 계속 이 글을 써나가려 합니다.

20세기 말의 큰 특징은 순수 복음주의 또는 말씀 사역에 기초한 균형 있는 제자훈련 사역을 감당해오는 사역자들이 성령의 은사와 치유, 능력 부어주시는 사역에 관심을 기울이는 쪽으로 발전해나가고 있다는 것입니다. 한때 성령이란 단어가 오순절주의자들의 전유물처럼 여겨졌지만 그런 시대는 이미 지났습니다. 이제 평신도들이 잠재력을 발휘하여 하나님 나라의 귀중한 일꾼으로 왕 같은 제사장으로 쓰임 받는 때가 온 것입니다. 즉, 성숙한 평신도들이 보기에 사역자들의 영성이 무너져 있고 성령 사역에 민감하지 않다면, 우리 사역자들은 보따리를 싸야 할 만큼 긴급한 시대가 도래한 것입니다.

10~20년 전만 하더라도 사역자들의 권위가 어느 정도 통했습니다. 목사 안수를 받는다든지 감독의 직분을 받음으로써 주어진 권위를 평신도들이 인정해주었습니다. 그러나 20세기 중반부터 강하게

불기 시작한 오순절 운동 때문에 이제는 주어진 권위만으로 사역할 수 없는 시대가 되었습니다. 지금은 이른바 '획득된 권위의 시대'가 된 것입니다.

평신도들 가운데도 기도로 치유의 역사를 일으키는 이들이 있습니다. 이제는 평신도들도 능력 사역에 무척 예민해져 있다는 증거입니다. 그러므로 제자훈련하는 교회는 영적인 필요에 굶주린 평신도들에게 성령 사역을 통해 참다운 영성 회복의 방향과 시각과 가능성을 제공해야 합니다.

전통적인 제자훈련을 하는 복음주의자들은 성령의 인격적 충만(내적 충만)만을 강조하지 말고 외적으로 능력을 부어주시는 충만(외적 충만)을 더 사모해야 신앙의 균형을 잡을 수 있습니다. 그렇지 않으면 복음주의자는 능력 없는 사역을 할 가능성이 다분하기 때문입니다. 아무리 제자훈련을 해도 기도만 하라고 하면 다 졸고, 찬양은 메마르고 형식적이며, 전도하자고 하면 다 도망가버리는 사태가 일어나지 않겠습니까?

또 오순절 운동을 하는 이들은 외적인 충만뿐 아니라 인격적 충만, 혹은 내적 충만에 더 깊은 관심을 기울여야 균형 잡힌 신앙을 가질 수 있을 것입니다. 그렇지 않으면 일시적인 능력은 있을지도 모르지만 인격적인 뒷받침이 허약해져서, 오랫동안 장거리 경주를 하는 사역에서 주저앉아 한때의 찬란했던 영광만 곱씹게 될지도 모릅니다.

사도행전 3장에서 베드로와 요한이 성전 미문의 앉은뱅이를 일으킨 기적도, 2장의 오순절 성령강림도 인격적인 면과 능력 면에서 동시에 충만하지 않았다면 과연 가능했겠습니까?

남가주 사랑의교회는 지난 9년간 373명이 사역훈련(1년 과정)을 졸업했고 605명이 제자훈련(1년 과정)을 졸업했습니다. 새일꾼반(4개월 개인 양육 코스)이 957명, QT 상설반 780명, 새가족반 2,225명 등 성도들이 계속해서 훈련을 받고 있습니다. 시간을 황금같이 여기는 이민 사회에서 성령은 우리를 불쌍히 여기시고 안으로 인격적인 충만과 밖으로 능력 충만을 허락하셨습니다. 그렇지 않았더라면 이와 같은 사역은 불가능했을 것입니다.

특히 기도 사역에 불이 붙은 뒤 지난 수년간 계속 활활 타오르게 하셨습니다. 어느 해에 진행된 연말 40일 연속 새벽기도회는 첫날 기도회로 시작했다가 사람들이 너무 많이 밀려오는 바람에 나머지 39일을 "성령의 권능으로 고쳐주소서"라는 주제를 내걸고 새벽부흥회로 이름을 바꾸어 감격 속에 마친 적도 있습니다.

매일 새벽마다 성령께서 많은 분들의 마음을 열고 그들이 예수님을 모셔 들이게 하셨으며 치유의 역사도 일어났습니다. 나중에는 너무 뜨거워서 지구촌교회 이동원 목사님이 3일, 온누리교회 하용조 목사님도 3일을 인도해주셨습니다. 많은 성도들의 마음속에 열두 해 혈루증을 앓은 여인의 믿음을 주셔서 '옷자락에라도 손을 대면 낫겠다'는 어린아이 같은 마음을 허락하셨습니다.

지금도 그때의 새벽부흥회 일지를 보면 성령이 강력하게 임재하시고 치료하신 흔적을 발견할 수 있습니다. 매일 5시부터 7시까지 1시간을 찬양과 말씀 집회, 또 1시간을 순전히 기도와 치유 집회로 인도했었는데 육신은 힘들 때가 많았지만 우리의 영은 펄펄 살아 있음을 경험했습니다. 매일 새벽에 나오는 인원이 당시 주일 평균 출석 인원의 절반인 600명에 이를 정도로 사람들이 몰려오다 보니, 미국

경찰들이 우리 교회에 사고가 난 줄 알고 출동하는 해프닝까지 일어나기도 했습니다.

그런데 앞서 언급한 여러 성령 사역에 대해 아직도 너무 과격하다고 생각하는 분이 있을까 싶어 말씀드립니다. 경건의 시간과 귀납적 성경공부, 소그룹 운동에 익숙하며 평신도와 말씀 사역을 공유하는 교회론 및 강해설교에 중심을 둔 제자훈련을 목숨 걸고 하는 목회자라면, 극단적인 성령 사역을 하려고 해도 그럴 수 없는 균형을 하나님께서 이미 우리들에게 선물로 주셨다고 확신합니다.

미국 복음주의 신학교의 교수들 가운데도 성령 사역에 눈을 뜨고 큰 관심과 에너지를 쏟는 분이 많지만 그들은 모두가 균형 잡힌 신앙으로 말씀 사역과 성령 사역의 조화를 이루어가고 있습니다.

열매는 기도
운동이다

       그렇다면 제자훈련과 성령 사역이 잘 접목되었다는 증거는 무엇입니까? 그것은 기도 운동을 통해서 나타납니다. 기도가 살아 있을 때 살아 있는 교회가 되는 것입니다.

    남가주 사랑의교회에서도 성령이 함께하시는 기도 운동을 위해 지난 9년간 한 달도 빠짐없이 '사랑의 기도카드'를 발행했습니다. 이제 이 기도카드는 매주 발행되어 전 성도가 긴급한 기도제목을 위해 집중적으로 기도합니다. 여기에는 교회의 큰 기도제목과 매일 3~4명씩의 개인 기도제목들이 담겨 있습니다. 확인란도 있어서 각 다락방 순장들에게 금요일마다 점검하도록 하고 있습니다. 이 기도카드를 통해 구체적으로 기도하는 훈련을 했으며, 돌이켜보면 기도를 통해서 교회의 어려움을 얼마나 많이 극복했는지 모릅니다. 다시 한번 강조하건대, 기도는 교회와 목회자를 보호하는 방패입니다.

    남가주 사랑의교회에서는 매일 밤 10시만 되면 전 성도가 각자의 자리에서 교회를 위해 함께 기도하는 시간을 갖습니다. 이 기도 때문에 온 교회가 한마음이 될 수 있었습니다. 그 공통 기도문은 다음과 같습니다.

사랑하는 하나님 아버지! 저희들이 성령을 통하여 예수 그리스도를 주님으로 영접하게 하시고 믿음으로 구원 얻게 하심을 감사드립니다. 지금 죽어도 하늘나라에 갈 수 있는 특권과 소망 주심을 감사드립니다. 오늘도 주님께서 우리 가정을 지켜주시사 하루를 평안히 마치게 하심을 감사드립니다.

지금은 밤 10시! 전 성도들이 다 같이 교회를 위하여 기도하는 시간입니다. 제가 섬기는 남가주 사랑의교회를 위하여 기도하오니 목사님을 비롯하여 주의 종들과 순장들, 제직 그리고 모든 성도와 가정을 말씀으로 충만히 채우사 힘을 합하여 주님이 기뻐하시는 교회로 부흥될 수 있도록 복을 내려주시옵소서.

그리하여 복음으로 영향을 끼치는 교회, 일편단심 은혜 받는 교회, 천국 인재를 양성하는 교회, 온 세상을 품고 빛을 비추는 교회로서 탄생 비전이 이루어지게 하시고 하나님께서 허락하신 귀한 성전에서 주후 2천 년대를 향하여 태평양 시대를 여는 복음의 센터로서 사명을 다하게 하옵소서.

앞으로 많은 이민교회에 평신도를 깨우는 비전을 심는 역할을 우리 교회가 감당할 수 있게 하옵소서. 모든 성도가 이민생활의 중심에 예수 그리스도를 왕으로 모시고 그분을 따르고 순종하며 누구를 만나든지 예수님이 우리의 유일한 구원자이심을 증거 하는 증인의 삶을 살게 하옵소서. 나그네와 같은 이민생활 가운데 우리와 자녀들 모두

창조적 사역을 위한 나의 사역론

가 주님을 닮아 성령 충만한 복된 가정으로 만들어주실 줄 믿사옵고, 살아 계신 예수님의 이름으로 기도드리옵나이다. 아멘.

또 경건의 특수성을 경건의 일상성으로 이어갈 새벽기도회가 날마다 있었고, 특별히 토요일 새벽기도회는 새벽연합예배로 드려서 보다 많은 분들이 기도에 동참할 수 있도록 했습니다. 그중에서도 제자훈련을 하는 팀들은 특별한 사정이 없는 한 토요일 새벽에 나와서 기도하는 것을 원칙으로 삼았습니다. 지나 보니 토요일 새벽마다 제자훈련을 위해서, 같은 팀의 훈련생들을 위해서 서로 기도한 팀과 기도 없이 졸업한 팀의 열매는 비교가 안 될 정도로 차이가 많았습니다. 대신 주일은 새벽기도가 없습니다. 주일 아침에 가족이 함께 시간을 갖고 육신의 피로를 푼 다음 영육이 준비된 모습으로 살아 계신 하나님께 예배드리도록 합니다.

그리고 교회 안에 중보기도팀을 따로 두었습니다. '120문도 기도팀'이 그것인데, 특별히 담임목사와 주일예배를 위해 간절히 기도합니다. 중보기도 담당사역자가 기도팀의 영적인 면이 약화되지 않도록 개인별로 권면하고 규칙적으로 기도제목을 새롭게 정리하여 배분하는 일을 잊지 않습니다.

해마다 연말에 가진 40일 연속 새벽기도회는 얼마나 은혜가 충만한지 모릅니다. 우리 교회의 새벽기도회는 이제 LA에서 무척 유명해졌습니다. 이 새벽기도회야말로 제자훈련하는 교회에 성령 사역의 물꼬를 트는 역할을 했습니다. 이 연속 기도회는 총력 전도주일같이 인원 동원을 목표로 하는 것이 아니라, 성령 사역에 마음이 열리고 삶의 현장에서 구체적으로 성령과 동행함을 체험하도록 하는 것이 가장 중요한 목표입니다.

　제자훈련하는 사역자일수록 예배의 생명력, 찬양 사역의 능력, 기도를 통한 치유가 조화되지 않으면 안 됩니다. 예배의 역동성과 찬양의 능력을 활성화하는 일이라면 자식을 사랑하는 부모의 심정을 갖고 자식에게 줄 것이 없으면 머리카락이라도 팔아서 섬기고 싶은 열정이 있어야 합니다.

소그룹이
가장 좋은 텃밭이다

지금은 전환의 시대입니다. 따라서 교육에는 혁명이 없다고 하듯이 너무 급격한 변화는 자제해야겠으나 교회도 바꿀 것은 바꾸고 회복해야 할 것은 회복해야 합니다.

교회의 바람직한 사역이란 기성세대의 옷자락을 붙들어주면서도 신세대의 필요에 민감한 것이 아닐까 합니다. 우리 사역자들은 지금 예배 형태 하나만 하더라도 과거의 수직적인 성직자 중심의 예배에서 회중이 주인이 되는 예배로 전환이 일어나는 것을 눈여겨봐야 하고, 설교도 과거의 일방적인 전달 방법보다 이제는 점점 대화적인 설교, 귀납적인 설교, 열린 메시지가 각광받는 시기가 왔음을 감지해야 합니다.

교회 행정도 평신도의 은사가 점점 발휘되는 시대에, 성경공부도 일대일이나 소그룹 등 그룹의 역동성이 자리매김하는 시대에 서 있습니다. 이 모든 것의 열쇠는 결국 지도자의 자질에 달려 있습니다.

그렇다면 지도자는 무엇부터 준비해야 하겠습니까?

무엇보다 지도자의 패러다임이 바뀌어야 합니다. 패러다임의 변화를 위해서는 지도자의 생각이 바뀌어야 합니다. 목회자나 영혼을 섬기는 사역자의 첫 번째 임무는 모든 성도로 하여금 비전을 보게 하고 비전을 듣게 하고 사명대로 살아가도록 확신시키는 일입니다. 이러한 지도자의 사명과 비전에 대한 정의는 모두 미래지향적입니다. 그런데 미래지향적이 되기 위해서는 누군가 먼저 미래에 가 있어야 합니다. 그게 누구겠습니까? 바로 하나님입니다.

무슨 말인가 하면, 하나님께서 우리 지도자들이 어디에 가 있어야 할지 알고 계신다는 뜻입니다. 하나님은 이미 한국교회와 이민교회의 미래를 알고 계십니다. 사역의 초점을 어디에 집중하고 우리의 미래 사역을 어떻게 진행할지를 하나님께 보여달라고 기도해야 합니다. 즉, 지도자들이 기도함으로 미래 사역에 대한 비전과 패러다임의 변화를 통해 먼저 미래의 그 자리에 가 있어야 하는 것입니다. 그렇게 지도자가 미래를 향해 기도하고 생각의 틀을 바꿀 때 교회에 대한 비전을 발견하게 됩니다.

그러려면 먼저 목사가 교회 안에서 일차적으로 비전의 사람이 되어야 합니다. 강단은 비전 형성을 위해서 너무나 중요한 곳입니다. 사람들은 하나님의 말씀을 통해서 비전을 듣고 확인할 필요가 있습니다. 또한 교회의 주보, 신문, 방송 등의 홍보물은 비전 형성과 의사소통을 위해서 중요합니다. 물론 개인적인 접촉을 통해서 비전을 알리는 본질적인 방법도 간과할 수가 없습니다.

사람들은 개인적으로 미래지향적인 교회의 비전을 들을 필요가 있습니다. 지금 우리 교회가 어디로 가고 있는지 방향을 잡아주고 가르치고 격려해야 합니다. 의도적인 훈련을 통해서도, 공식적인 '가르침의 교실'에서도 비전을 제시할 수 있습니다. 교회의 메커니즘이 비공식적인 모임에서도 제시될 수 있는 분위기가 되어야 하는 것입니다.

대학 시절, 교회 밖 선교단체의 한 영적 리더는 대학 캠퍼스 안에서 피양육자인 나에게 여러 번 직접 전도하는 모습을 보여줌으로써 옆에서 자연스럽게 따라 할 수 있는 환경을 만들어주었습니다. 그것만큼 전도의 중요한 훈련이 없었습니다. 교회의 소그룹을 통한 삶의 변화가 목표라면 각 다락방의 순장훈련(남가주 사랑의교회에서는 소그룹 성경공부 지도자를 순장이라고 지칭)이 다른 어떤 것보다 앞서기 때문에 어떤 좋은 프로그램과도 바꿀 수 없다는 것을 명확히 하고, 그 소그룹을 통한 변화의 중요성을 강조해야 합니다.

물론 장애물이 없을 수 없습니다. 자라온 배경, 문화적인 차이 때문에 나타나는 알력들도 많을 것입니다. 그러나 어려움에 부딪혀 그만두고 싶을 때마다 긍정적 변화의 양상을 강조하고 더 나은 미래를 그려보십시오. 당연히 미래의 영광을 위하여 지금 맞닥뜨린 십자가의 고난을 달게 지겠다는 생각도 해야 합니다. 이처럼 사람들, 특히 소그룹 리더들이 비전 중심, 사명 중심의 인생을 살도록 이끌어주어야 합니다.

시간을 정해놓고 교역자들과 패러다임 변화를 위한 정기적 모임을 가진 것이 제게는 큰 도움이 되었습니다. 당회원들과 매달 당회를 하는 것이 아니라 한 달은 장로기도회로, 한 달은 사역을 위한 모임으로 바꾸어서 정기적으로 패러다임 변화를 점검할 때 큰 유익이 있었던 것입니다. 즉, 변화를 위한 회의를 따로 가지는 것이 실제적인 도움이 된다고 말할 수 있습니다.

재충전을 위해서 목회자와 장로님들이 같이 안식년을 가지는 것도 유익합니다. 목회자는 6년마다, 장로는 3년마다 1년씩 쉬는 제도를 두면 더 효과적입니다.

우리 모두 예수님 안에서 다양성을 갖고 있는 사람들입니다. 따라서 어느 한 생각에만 집중하는 것이 아니라 함께 의견을 나누고 창조적인 사고를 공유하도록 부름 받은 자들입니다. 이제 관심의 초점을 우리가 얼마나 설교를 잘하는가, 어떤 프로그램을 얼마나 잘 진행시키는가에 두는 것이 아니라 우리의 사역을 통해 어떤 사람을 만들어내는가에 집중해야 합니다. 이 목적을 위해 우리가 극복해야 할 몇 가지 잘못된 가정假定들이 있습니다.

첫째, 교육을 많이 하는 것이 사람들을 성숙하게 만드는 가장 좋은 과정이라는 것입니다. 그러나 이는 사실이 아닙니다. 진리를 많이 안다는 것과 진리대로 살아간다는 것은 엄청난 차이가 있음을 우리는 알고 있습니다. 기독교 집안에서 경건한 교육을 받아 신앙적인 소양을 갖추고 훈련에 익숙한 젊은이들 중에도 포르노에 중독되거나 성적으로 문란한 생활에서 빠져나오지 못해 몸부림치는 이들이 얼마나 많습니까? 겉으로는 영적으로 성숙해 보이고 남보다 더 부지런히 주님을 위해 뛰는 것 같지만 진리대로 살지 못하는 사람들이 교회 안에 가득합니다. 오히려 많이 아는 것 때문에 더 괴로운 사람들이 많습니다. 따라서 교육이 아니라 훈련입니다. 배운 대로 살게 하는 삶의 현장이 필요한 것입니다.

둘째, 교회의 수많은 프로그램에 참여하고 봉사를 많이 해야 영적으로 성숙해진다는 것도 잘못된 가정입니다. 바쁘게 움직일수록 영적인 사람이라는 것은 착각 중의 착각입니다. 미래의 교회는 될 수 있으면 단순해져야 역동적일 수 있습니다. 교회의 다양한 사역에 심취된 자가 아니라. 주님께 헌신된 사명자를 만들어야 합니다.

이런 이유로 참된 그리스도인을 만드는 제자훈련, 부흥을 체험할 수 있는 찬양과 예배, 각 다락방을 인도하는 순장들을 위한 훈련에 교회의 모든 에너지를 집중시켜야 합니다. 프로그램만 백화점식으로 나열해서는 사람을 변화시켜야 하는 결정적 순간에 힘이 응집되지 못하고, 사역이 폭발하는 게 아니라 도리어 불발탄을 경험하고 말 것입니다.

남가주 사랑의교회에서는 순장훈련을 대신할 만큼의 중요성을 가진 활동이 존재하지 않습니다. 작은 목사인 이들을 1주일에 한 번씩 영적으로 풍성하게 먹여주고 채워주어서 또 다른 영혼들을 돌보고 양육할 수 있도록 훈련하는 이 일을 무엇과 바꿀 수 있겠습니까?

셋째, 큰 것이 더 낫다는 사고방식입니다. 이것도 잘못된 가정입니다. 미래의 교회는 규모가 크더라도 그 안에서 작은 단위들이 제대로 움직이고 두각을 나타낼 수 있는가에 초점을 맞추어야 합니다. 다른 말로 하면 미래의 교회는 소그룹을 통해 심령과 심령이 통하는 데서 나오는 격려와 존경, 개인적인 성장을 고무시키는 분위기가 이루어져야 합니다. 소그룹이야말로 개인주의와 실용, 이기주의에 황폐화된 심령을 옥토로 만드는 가장 좋은 텃밭입니다.

미래 교회는 이처럼 소그룹의 역동성을 이해하는 데 초점을 맞춰야 합니다. 이것은 일과성 유행이라든지, 사회적인 신드롬이 아닙니다. 이것은 예수 그리스도의 방법이었습니다. 예수님은 3년 동안의 공생애 사역을 통해서 소그룹에 심혈을 기울이셨습니다. 초대교회도 온 이방 세계가 선교의 장이었지만 그들은 소그룹으로 모였습니다. 초대교회 가운데 예루살렘교회나 안디옥교회 등은 초대형교회였지만 소그룹이 큰 교회 내에서 작은 교회의 역할을 했기에 교회의 역동성을 유지할 수 있었던 것입니다.

바울도 자주 소그룹에서 "나는 지금 이처럼 작은 소그룹에서 이야기하지만, 너희들은 지금 듣고 배운 이것을 또 다른 사람에게 가르쳐서 재생산하라"고 권면했습니다. 사람을 키우는 것을 우선순위로 삼은 교회라면 소그룹의 중요성을 심각하게 인식해야만 합니다.

그러나 소그룹에 대한 목회철학의 변화 없이는 사람 중심의 미래 지향적인 사역을 하기 힘듭니다. 이제는 '소그룹을 많이 가진 교회'로 안주해야 할 시기가 아니라, 완전히 소그룹적인 교회 혹은 소그룹 중심의 교회로 바뀌어야 합니다. 이렇게 해야 교회가 크더라도 공룡처럼 비대하거나 항공모함처럼 둔하지 않고 세포가 제대로 활동하여 교회에서 진행되는 모든 사역의 신경조직까지 원활하게 작동할 수 있습니다. 그렇게 되면 사명 중심의 교회로 전 성도를 변화시킬 수 있고 성도들을 훨씬 효과적으로 양육하여 질 높은 보살핌을 제공할 수 있게 됩니다. 소그룹에 대해 제가 가진 생각들을 종합 정리해보면 다음과 같습니다.

첫째, 소그룹은 사명 중심의 사람을 만드는 사역입니다. 교회가 삶을 변화시키는 역동적인 유기체의 역할을 하는 과정에서 가장 우선적으로 고려해야 할 사람은 소그룹 리더입니다. 남가주 사랑의교회로 말하면 '순장'입니다. 당회와 교역자 모임의 최우선순위는 소그룹 순장들이 성공할 수 있도록 돕는 것입니다. 또한 교회에서 가장 탁월하게 훈련받은 사람들을 순장으로 발탁하고, 그들의 필요에 따라 양질의 자원을 제공합니다.

순장들은 진공상태에서 원기 있게 자랄 수 없습니다. 순장들을 격려하고 이들이 서로에 대한 책임의식을 갖게 하려면 주기적으로 다른 순장들과 영적 교제를 나눌 수 있는 기회를 주어야 합니다. 이때 소그룹 활동을 하는 데 필요한 기술을 훈련하고 귀납적 성경공부를 실시하는 한편 교회의 사역을 추진하는 목적의식, 즉 비전을 제시하고 격려하며 기도제목도 함께 나누어서 서로가 서로에게 버팀목이 되도록 돕습니다.

남가주 사랑의교회에서는 이런 일들이 순장반 훈련에서 이루어지고 있으며, 저도 이 훈련을 위해 주일 설교 준비만큼이나 많은 시간 동안 전력투구를 합니다. 현재 우리 교회에는 100여 명의 순장들이 있는데, 가끔씩은 굳이 제직회가 필요할까 하는 생각까지 듭니다. 담임목사와 교회가 최우선순위로 알고 영적으로 투자하며 매달리는 그 모임에서 기도하고 결정하는 것이 행정적으로 더 바람직한 게 아닐까 싶을 정도입니다. 만약 제가 다시 한 번 개척한다면, 순장반으로 제직회를 대신할 것 같습니다. 앞으로 여건이 허락된다면 소그룹을 책임진 지도자나 교구장, 순장을 1년에 한 번 이상 외부 세미나 등에 보내어 재충전을 시키고 싶습니다.

소그룹을 좀 더 잘 이해하기 위해 한 가지 예를 더 들어보겠습니다. 얼마 전 러시아 모스크바를 방문하면서 큰 깨달음을 얻었습니다. 나폴레옹의 55만 대군이 러시아에 쳐들어갔다가 패배의 쓴잔을 마시고 겨우 패잔병 2만 명을 수습하여 프랑스로 돌아가니 그 몰골이 너무 초라하여 아내인 조세핀이 못 알아볼 정도였다고 합니다. 또 독일의 히틀러도 60개 사단 이상의 병력을 투입하여 러시아를 침공했지만 결국 1943년 러시아군에게 비참하게 패배하여 그때부터 독일의 침공 작전은 내리막길을 걷게 되었습니다. 이 정도로 러시아의 군사력은 막강했습니다.

하지만 역사에 딱 한 번 러시아가 꼼짝도 못 하고 항복한 군대가 있는데, 그것은 칭기즈칸의 몽골군 정예부대였습니다. 유명한 장군들도 정복하지 못한 러시아에 맞서 어떻게 몽골군이 승리할 수 있었을까요? 중앙아시아사를 읽다가 무릎을 쳤습니다. 하나는 소그룹을 통한 일종의 제자훈련이고, 또 하나는 기동력이었던 것입니다.

몽골군의 지휘 체제가 가진 특성은, 어떤 지휘자도 10명 이상은 거느리지 않는다는 것입니다. 우리 식으로 말하면 지휘자 한 사람이 10명씩만 맡아서 제자훈련을 하면 되는 것입니다. 심지어 칭기즈칸도 그 많은 부하를 다 관심을 갖고 돌본 것이 아니라 10명만 점검했다고 합니다. 그러니 스트레스 받을 일도 없고 지휘의 효율성은 어떤 나라의 왕과도 비교가 안 될 정도로 탁월했던 것입니다. 몽골제국이 300만도 채 안 되는 인구로 세계 최대의 제국을 이루고, 수억의 중국 인구를 통째로 다스릴 수 있었던 비결은 소그룹을 통한 리더십의 확보에 있지 않았나 하는 생각이 드는 것은 그 때문입니다.

이런 원리가 그대로 모든 국가 지휘 체계나 전쟁 수행 양식에 적용되니 군살이 붙을 수가 없고 날렵한 기동력이 발휘될 수밖에 없었던 것입니다. 당시 중세 기사들은 40~60킬로그램이나 나가는 갑옷을 입었지만 몽골 기병대는 군장軍裝의 무게를 절반으로 줄였습니다. 예나 지금이나 병참 지원에서 물자 수송이 전쟁의 가장 큰 골칫거리였는데, 몽골군은 '보르츠'라고 말 한 마리를 삶아서 가루로 만든 것을 작은 부대에 담아 허리에 차고 다녔습니다. 그 부대의 무게

미주 제1기 제자훈련지도자세미나에서.
거듭 강조하지만 제자 삼는 사역은 성장 침체를 돌파하기 위한
하나의 방법론이 아니라 교회의 사명 그 자체다.

는 2~3킬로그램에 불과했습니다. 이 가루를 물에 타서 마시며 1~2개월을 버텼으니 어느 나라가 몽골군과 맞설 수 있었겠습니까?

우리는 영적 전쟁을 하는 사람들입니다. 사역에서 중요하지 않은 군살들은 과감하게 빼야 합니다. 기동력을 회복하고 소그룹을 통해서 교회의 진정한 영적 뼈대를 이루는 리더십이 다시 회복되어야 합니다.

사람이 정말
중요합니까?

많은 분들이 종종 제게 이런 질문을 해옵니다.

"목사님, 왜 목회자의 길을 선택하셨습니까?"

왜 사역을 하느냐는 질문입니다. 사역. 우린 왜 사역을 하는 것일까요? 그것은 바로 사람을 살리기 위함입니다. 사역이란 한 영혼을 예수님께로 데리고 와서 성령을 통해 구원 얻도록 최선을 다하는 일과 구원받은 영혼이 하나님께 쓰임 받고 그리스도의 충성된 제자가 되도록 그 영혼을 섬기는 일입니다.

규모가 크거나 작거나에 상관없이 교회는 성도들의 영적인 건강과 안정을 책임져야 합니다. 교회의 제일 중요한 사역은 성도들을 바로 세워주는 것입니다. 평신도를 훈련, 양육하여 주님의 제자로 만드는 일이 우선되어야 한다는 말입니다. 또한 훈련받은 평신도들이 은사대로 보람 있게 뛸 수 있도록 봉사와 헌신의 장을 계속 열어주어야 합니다. 교회는 이를 위해 영적인 어머니 노릇을 해야 합니다. 거기에는 아기를 낳아서 젖을 먹이고 보호하고 키우는 것뿐 아니라, 제대로 된 인격체로 성숙하도록 교육시킬 책임까지 포함됩니다. 이처럼 사역자에게는 무엇보다 사람을 살리고 키우는 것이 우선순위가 되어야 합니다.

어떤 분은 "웨스트민스터 대요리문답 1문처럼 사람이 하나님의 영광을 위해 존재하는데 어떻게 사람이 제일 중요하다고 말하는가?" 하며 반문할지도 모르겠습니다. 그런데 생각해보십시오. 하나님의 영광이라는 말이 얼마나 추상적입니까? 어떻게 해야 하나님께 영광이 되는 것입니까? 저는 어릴 때부터 귀에 못이 박힐 정도로 '하나님의 영광'이란 말을 들어왔습니다. 그러나 사람을 키우고 분별하고, 사람을 섬기는 것이 참으로 하나님께 영광이 된다는 것을 제자훈련을 하고 나서야 비로소 깊이 체득하게 되었습니다.

예수님은 자기를 구주로 고백하는 새 백성이 많아질 때 하나님께 영광이 된다고 하셨습니다.

"이러므로 하나님이 그를 지극히 높여 모든 이름 위에 뛰어난 이름을 주사 하늘에 있는 자들과 땅에 있는 자들과 땅 아래에 있는 자들로 모든 무릎을 예수의 이름에 꿇게 하시고 모든 입으로 예수 그리스도를 주라 시인하여 하나님 아버지께 영광을 돌리게 하셨느니라"(빌 2:9-11).

교회가 계속 새로운 하나님의 백성을 만들고 키울수록 하나님은 더 큰 영광을 받으실 것입니다. 그러면 어떻게 사람을 제일 중요하게 여기는 사역을 할 수 있겠습니까? 다시 한 번 강조합니다. 믿지 않는 자가 예수 믿고 하나님 나라의 새 백성이 되는 것이 하나님께는 가장 영광이 됩니다.

"너희가 열매를 많이 맺으면 내 아버지께서 영광을 받으실 것이요 너희는 내 제자가 되리라"(요 15:8).

그런데 상당수의 목회자들이 대학교를 졸업하고 바로 신학대학원에서 훈련을 받은 뒤 전도사, 강도사, 목사로 임직됩니다. 그렇기 때문에 사람을 섬기고, 사람을 얻는 것에 대한 감각이 일반 직장에서 사회생활을 하는 사람들보다도 오히려 무딘 경우가 많습니다. 목회자들 가운데 먼저 일반 직장이나 선교단체에서 사람 섬기는 훈련을 받은 뒤 신학을 공부한 사람들의 사역이 요즘 많은 호응을 얻고 있는 이유도 여기에 있다고 봅니다.

지금은 기업도 소비자의 필요에 둔감하면 다 망하는 시대입니다. 그런데 우리는 너무나 사람들을 모르고 있습니다. 사람을 섬기기 위해서 목자로 부름을 받았는데도 사람을 섬기는 판단력과 감각이 둔탁하기 짝이 없습니다. 목사와 일반 평신도들의 사고방식은 괴리가 있습니다. 그래서 성도들과 마음을 열고 대화를 나누다 보면 깜짝 놀랄 때가 많습니다.

교회가 제대로 사역하기를 원한다면 사람들의 필요에 민감해야 합니다. 사람들의 필요에 민감하다는 것은 인본주의를 말하는 것이 아닙니다. 영혼을 더욱 잘 섬기기 위한 하나님 중심의 몸부림이라는 것을 다시 한 번 강조하고 싶습니다.

제자훈련을 마칠 때 남가주 사랑의교회는 이 문제를 참으로 심각하게 다룹니다. '왜 성경을 공부하는가?' 하는 것을 외울 정도로 숙지시킵니다. 하나님을 인격적으로 아는 것과 인격의 변화와 성숙을 위해서이기도 하지만, 가장 중요한 목표는 말씀으로 이웃의 필요를 알고 섬기는 복의 근원이 되기 위함입니다. 평신도 지도자들은 교회의 참으로 귀한 존재들입니다. 흔히 교회는 건물, 조직, 행사가 중요하다고 착각하기 쉬운데, 이처럼 잘못된 교회관에 사로잡혀 있는 사람들을 일깨워 말씀을 통해 참된 청지기로 만드는 일을 평신도 지도자들이 담당해야 하기 때문입니다.

어떤 단체든 섬김의 대상이 있게 마련입니다. 의사에게는 환자가 있고, 변호사에게는 의뢰인이 있으며, 교회에는 성도가 있습니다. 어떤 용어를 쓰든 상관없이 사람을 잘 섬기는 것이 교회의 소명입니다. 교회에는 섬길 대상이 둘밖에 없습니다. 첫째는 교회 안에 있는 사람들이고, 둘째는 교회 밖의 사람들, 즉 우리 밖의 양들입니다. 어느 부류 사람을 우선순위로 할까는 큰 의미가 없습니다. 둘 다 불가분의 밀접한 관계에 있기 때문에 양쪽 다 초점을 맞추고 영혼의 필요를 채워주는 일을 하는 것입니다.

이미 교회 안에 있는 사람들을 지혜롭고도 새로운 방법으로 계속 돌보아야 하고 교회 밖의 구원받지 못한 영혼들을 위해서 전도자의 사명을 감당해야 합니다. 이를 위해 남가주 사랑의교회는 평상시 제자훈련을 상설 운영할 뿐 아니라 1년에 두 차례씩 특징이 분명한 집회를 합니다. 봄에는 이미 예수 믿는 분들의 영적 각성을 위해서, 가을에는 안 믿는 분들의 영혼 구원을 위해서 집회의 차별화 정책을 실시합니다.

그런데 이때마다 놀라는 것은 생각 외로 영혼 구원을 위해 전도 설교, 복음 설교를 분명하게 선포할 수 있는 설교자가 한국교회와 이민교회에 많지 않다는 사실입니다. 이는 예전에 한국에서 청년, 대학생들을 위한 집회의 강사로 모실 분이 많지 않아 애를 태웠던 것과 상황이 흡사하여 매우 안타깝습니다.

봄에 열리는, 예수 믿는 사람들을 위한 영적 각성 집회를 할 때 우리는 이런 초대의 글을 썼습니다.

해마다 봄에는 이미 예수 믿는 분들의 부흥과 회복, 영적인 각성과 복을 위해 귀한 잔치를 열고 있습니다. 신앙생활을 하다 보면 어떤 때는 낙심도 되고 힘이 빠질 때도 있는데, 이번 집회를 통해 우리의 연약함이 흘러넘치는 생수(요 7:38)와 날마다 솟는 샘물을 경험하게 되길 바랍니다. 성도는 은혜를 받아야 살 수 있는 사람들입니다. 은혜 주시길 원하는 하나님께 주저 말고 달려오셔서 우리의 부패한 본성이 걸러지고 내 마음에 청결한 공간이 마련되어 성령의 탐스러운 열매가 맺히는 복이 있기를 바랍니다.

개척 이후, 지난 9년간의 영적 각성 집회 때 내세운 슬로건은 다음과 같습니다.

- 눈 열고 귀 열어 하나님께 쓰임 받고 싶습니까?
- 구주여, 은혜의 문을 여소서.
- 성경을 사랑하십니까? 그러면 와보십시오.
- 이민생활, 짐도 많지만 웃어야 할 날도 있어야 하리니!
- 2천 년대를 향한 새로운 패러다임을 만들자.
- 새시대를 섬기기 위한 소명자의 삶.

또한 가을에 예수 믿지 않는 심령들을 위해서 전도 집회를 할 때는 이런 문안을 써보았습니다.

사람이 예수를 믿고 구원을 받으려면 무엇보다도 복음을 정확하게 들어야 합니다. 믿음은 들음에서 생기는 것입니다. 혼자서 성경을 읽고 사색하는 것도 좋지만 이것만으로는 믿음이 잘 생기지 않습니다. 예수님을 선포하는 자리에서 복음을 직접 들을 때 하나님의 자녀가 되는 제2의 창조의 기적이 나타납니다. 본 남가주 사랑의교회의 전도 집회는 복음을 정확하게 전달하고 깨닫는 시간입니다. 우리 주위에 아직 예수님을 모르는 분들에게 이번 집회는 생애의 변화를 약속하는 시간이 될 것입니다.

이렇게 사람 중심으로 계획된 봄가을의 두 집회를 통해 우리 교회의 많은 문제들이 치유됨을 목격할 수 있었습니다. 담임목사가 갖는 한계를 다른 은사를 지닌 분이 오셔서 보완해주는 복도 받아 누린 시간이었다고 고백합니다.

그러면 어떻게 해야 사람들의 필요 중심으로 사역할 수 있겠습니까? 그것은 교회의 모든 사역을 프로그램화 하지 말고 거기에 생명력과 역동성을 넣는 일, 즉 교회 사역들을 통해 부흥을 경험케 하는 것입니다. 제직회를 하거나 당회를 하거나 결혼식을 하거나 심지어 돌잔치를 해도 거기에는 부흥회가 있어야 하는 것입니다.

예를 들어, 사람들의 필요를 채워주는 제직회라면 어떤 모습을 그려볼 수 있을까요? 많은 목회자들이 제직회가 있는 주일이면 속이 편치 못한 게 사실입니다. 이는 제직회에 대한 부담이 있다는 증거입니다. 그렇다면 제직회를 부흥회로 만들면 어떻겠습니까? 우리 교회의 제직회를 간단히 소개하면, 먼저 그 시간에 다룰 의제와 토의거리들을 일주일 전에 전 제직들에게 보내 미리 기도하고 준비하게 합니다. 그리고 제직회를 위해서 미리 작정 기도를 할 분들을 정하여 기도하게 하고, 제직회 당일의 첫 순서로 지난 몇 개월간 교회 안에서 불렸던 찬양 중 가장 은혜롭고 복이 된 곡을 함께 부릅니다.

이처럼 '감사와 기쁨의 찬양' 시간을 먼저 갖고, 지난 3개월간의 사역 감사를 위해, 오늘 제직회의 은혜로운 진행과 다음 3개월간의 사역을 위해서 합심하여 기도한 뒤 미리 보낸 의제 리스트를 보면서 마무리 기도를 합니다.

이어서 두 분의 간증이 있습니다. 이 간증을 통해 벌써 많은 제직들의 마음이 열리는데, 그즈음에 제직 부부들을 중심으로 두 가정씩 한 팀이 되어 특별 찬송을 합니다. 이쯤 되면 벌써 마음에는 따뜻한 봄바람이 불기 시작합니다. 물론 재정보고도 하고 서기보고도 하지만, 사역 점검만을 위한 보고가 아니라 하나님이 지난 3개월간 우리를 위하여 이루신 큰일들을 감사하는 축제의 시간이 됩니다.

담임목사는 농축된 말씀과 함께 지난 3개월을 감사하고, 앞으로 3개월 동안 이어갈 사역에 대한 포부와 꿈을 사역보고를 통해 나눕니다. 동시에 3개월간의 사역, 특히 새로 등록한 성도 명단(3개월에 평균 200여 명의 새교우가 등록)과 새가족반, 큐티반, 만남의 시간 수료자, 전도폭발, 새일꾼반, 제자훈련 졸업자와 세례자 명단을 나누면서 이분들의 영혼이 잘되고 우리 교회에 발을 디딘 후 꼭 '영적으로 성공하는 인생', '은혜의 통로'가 되길 기도합니다.

제직회의 절정은 각 위원회 워크숍 시간입니다. 제 목회철학 중 하나는 '10명이 넘으면 논의가 안 된다. 제직회는 영화처럼 관람하라고 있는 것이 아니다'입니다. 그래서 수백 명의 제직이 참석하더라도 과거 젊은이 단체에서 애용하던 워크숍을 각 위원회별로 갖게 합니다. 이렇게 하지 않으면 핵심 평신도들의 잠재력이 사장되고 맙니다.

모여서 약 50분 정도 미리 정해준 의제에 대해 논의하고, 나중에 위원장이 나와서 나눈 내용 중 영혼을 섬기는 데 가장 도움이 될 만한 것을 짧게 발표합니다. 이런 제직회 워크숍을 통해 우리 교회는 늘 신선한 생각을 유지할 수 있었습니다.

변화의 시대가 도래하기를
기원하며

저라고 해서 늘 의식 있는 사역을 한 것은 아니었습니다. 안식년을 가졌던 95년 봄에는 저의 부족한 문제들을 얼마나 선명하게 깨달았는지, 날마다 낯이 뜨거워져 회개의 기도를 드렸습니다. 지나치게 사역에 몰입하느라 가까이서는 잘 보이지 않던 부분도 조금 멀리 떨어져서 넓은 시야를 가지고 바라보니 뚜렷하게 보였으며, 사역의 잘잘못을 객관적으로 평가할 수 있었습니다.

그러면서 깨달은 점이 있습니다. 일반적으로 역사의 흥망성쇠는 지도자가 사람의 잠재력을 얼마나 일깨우며, 일깨워진 개인의 필요를 얼마나 시대별로 잘 섬기느냐에 달려 있다는 사실입니다. 사람의 잠재력을 키워주는 문명이냐 사람의 잠재력을 눌러버리는 문명이냐에 따라 역사의 큰 물줄기가 바뀝니다. 인류의 지난 역사를 살펴보면, 백성들의 필요와 가능성을 탁 트이게 해주는 지도자와 절대군주의 권한을 가지고 인간의 잠재력을 억압하는 문명의 결과가 뚜렷하게 대비됨을 알 수 있습니다.

복음이란 무엇입니까? 기독교의 복음만큼 인간의 잠재력과 가능성을 키워주는 것이 어디 또 있습니까? 죽을 수밖에 없는 죄인인데 예수님 때문에 하나님의 자녀라는 특권이 주어진 것만큼 큰 섬김과 가능성이 또 어디 있습니까?

지난 100년 동안 민족의 종교를 완전히 바꾼 나라는 대한민국밖에 없습니다. 그것은 이 땅에 기독교가 들어오고, 그만큼 우리나라 신앙의 선각자들이 영혼의 필요에 민감한 사역을 해왔다는 객관적인 증거입니다. 제 부친은 부산의 빈민들이 사는 동네에서 수십 년 동안 복음을 전파하셨습니다. 그때 가난한 하루살이 인생들, 내일이 없다는 듯이 날마다 술을 퍼마시고 아내를 구타하던 사람들이 복음을 깨달은 후에 술을 마실 돈으로 자녀를 교육시키고, 나중에는 그들의 집안 형편도 펴지는 모습을 보았습니다. 이를 통해 저는 복음의 필요를 절실하게 느꼈습니다.

저에게는 한 가지 간절한 소원이 있습니다. 이 시대의 영적 가난뱅이들(서울 강남의 부자든, 시골 벽지의 농부든, 디아스포라로 흩어진 해외 교포든 상관없이)이 우리 사역자들의 독창적인 영혼 섬김을 통해 고통의 짐을 벗어던지게 되기를, 그리하여 영감과 변화의 시대를 맞이하기를 바랍니다.

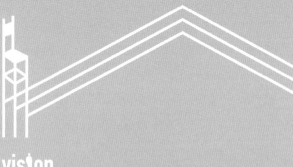

vision
maker

많은 분들이 종종 제게 이런 질문을 해옵니다.

"목사님, 왜 목회자의 길을 선택하셨습니까?"

왜 사역을 하느냐는 질문입니다.

사역.

우린 왜 사역을 하는 것일까요?

그것은 바로 사람을 살리기 위함입니다.

6

사역의
이륙을 위한
목회자의
패러다임

제1회 영적 대각성집회

유한흠 목사 / 일시 : 198   24일(일)

교회는 잠들 수 없다.
개척 첫해에 옥한흠 목사님을 모시고 진행한
제1회 영적 대각성 집회.
복음의 능력으로 가슴 벅찬 은혜를 누리며,
하나님의 손에 인생을 맡겨드리는 시간이었다.

변화된 지도자가
되어보라

　20세기 초반 전 세계 학생 선교운동에 지대한 영향을 끼쳤던 평신도 지도자 존 모트John Mott 는 당시 미국 정부로부터 중국 대사를 맡아달라는 제의를 받았으나 거절했다고 합니다. 그 이유는 시대를 앞서서 섬기는 기독교 지도자의 삶을 더 중시했기 때문입니다. 그 후에도 모트는 우드로 윌슨 대통령이 맡고 있던 프린스턴 대학교의 총장직을 제의 받았고 미국 국무장관을 맡아달라는 요청도 받았으나 다 거절했으며 오로지 젊은 기독교 지도자들과 선교사들을 키우는 사역에 헌신하기를 원했습니다. 누가 우리에게 목사 대신 장관이나 총리, 혹은 명성 있는 대학교의 총장을 맡아달라고 제의한다면 우리도 존 모트처럼 과감하게 거절할 수 있을까요? 능력이 없다면 두말할 필요도 없지만, 사람들이 우러러보는 좋은 지위를 충분히 감당할 만한 능력을 가졌음에도 목사직을 그 어떤 것과도 바꿀 수 없다고 확고하게 거절할 수 있을까요?

몇 년 전 한국교회에서 존경을 받는 K 목사님께 여쭤본 적이 있습니다.

"목사님, 대통령으로부터 장관직을 요청받으면 어떻게 하시겠습니까?"

"물론 노No하지."

"왜 그렇게 하실 건가요?"

"아, 우리야 목사 안수를 받을 때 이미 끝난 것 아닌가? 세상적으로 괜찮은 직책이 주어진다고 해서 목사직을 떠난다면 그건 목사가 아니지."

그분은 분명하게 대답하셨습니다.

세상의 어떤 대단한 직책이라도 목사의 직분과는 바꿀 수 없다는 강력한 확신이 목회자들에게 있어야 합니다. 대통령이 되는 것보다, 전군을 호령하는 대장이 되는 것보다 목사의 직분이 더 고귀하다는 것을 삶으로 보여주어야 합니다.

만약 침체된 교회가 갑자기 부흥하고 성도들의 의식이 바뀌고 발전했다는 소식을 들었다면 "새로운 목사가 와서 변화된 리더십을 보여주었기에 우리 교회가 이렇게 발전했습니다" 하는 말이 반드시 뒤따를 것입니다. 이처럼 변화된 지도자는 많은 사람들을 기쁨으로 따라오게 합니다.

성경에도 변화된 지도자가 많이 나옵니다. 요시야 왕도 변화된 지도자의 한 예라고 할 수 있습니다. 그가 여덟 살에 왕위에 올랐을 때 나라는 온갖 이방 신들과 산당으로 황폐화되어 있었고 여호와의 이름은 잊혔으며 율법이 멸시되었고 성전 문은 굳게 닫혀 있었습니다. 유월절도 지나간 세대의 역사적 흔적으로만 남아 있었습니다.

그러나 요시야 왕이 31년간 통치하고 명을 다했을 때 유다는 완전히 새 나라가 되었습니다. 이방 산당은 파괴되었으며 언약의 말씀이 회복되었습니다. 율법이 방방곡곡마다 읽혔으며 성전의 문은 항상 열려 있었습니다. 신실한 제사장들이 다시 백성들과 예루살렘 성전을 섬기게 되었고 유월절을 감격으로 지키기 시작했으며 여호와 하나님을 백성들이 참마음으로 섬기기 시작했던 것입니다. 요시야 왕은 백성들이 마음으로 따랐던 지도자였습니다. 이와 같이 변화된 지도자는 새로운 시대를 향한 비전을 가지고 리더십을 발휘합니다.

지금 한국교회의 리더십은 위기에 봉착했습니다. 원로목사와 담임목사의 순조로운 세대교체가 큰 과제로 떠올랐으며, 담임목사가 제대로 리더십을 발휘하지 못해 전전긍긍하는 교회들도 많습니다. 지금 한국교회는 변화된 지도자들을 통한 계승의 미학이 필요한 시점에 와 있습니다.

현대 교회에 적합한 '변화된 지도자'는 전통에 대해 바른 시각을 가지고 있어야 합니다. 전통이 나쁜 것은 아니지만 단순히 전통만을 고집하다 중요한 본질을 잊어버릴 때가 많습니다. 변화된 지도자가 된다고 해서 전통을 무시해야 한다는 뜻이 아닙니다. 다만 전통에 너무 집착하다 보면 전통적인 방법론에 얽매여 크게 실수를 범할 여지가 있다는 것입니다. 전통의 가장 큰 약점은 그것이 규격화되고 율법화되고 조직화되었다는 것입니다. 물론 메시지의 핵심은 변함이 없어야 하지만, 메시지를 전하는 방법은 시대에 따라 얼마든지 바뀔 수 있으며 또한 바뀌지 않으면 안 됩니다.

박물관에 있는 화석을 보십시오. 생명이 사라진 과거의 흔적일 뿐입니다. 많은 교회가 전통적으로 행해온 화석화된 프로그램 때문에 고민하고 있습니다. 아무런 열매도 맺지 못하는 죽은 프로그램들에만 기대다가 함께 죽어가고 있습니다. 변화된 지도자는 죽어가는 전통적인 프로그램을 살리려고 애쓰기보다는 영혼을 구원할 새로운 사역에 더 많은 관심을 집중합니다. 죽은 전통을 고수하느라 변화의 능력을 잃어서는 안 됩니다.

미래의 성공에 가장 큰 적이 있다면, 그것은 오늘의 성공입니다. 오늘의 성공이 잘못된 관습으로 굳어질 때 미래의 복과 성장을 가로막게 됩니다. 요즘 시대가 어떤 시대입니까? 똑같은 방법을 10년 이상 반복하면 헤어날 수 없는 늪 속에 서서히 잠기게 될 것입니다. 매일 새롭고 희한한 일들이 세계 도처에서 일어나고 있는데 교회가 변하지 않고 구태의연한 모습을 탈피하지 못한다면 당연히 그 교회는 도태되고 말 것입니다.

물론 4대째 예수 믿는 집안에서 태어났고 어릴 때부터 철저하게 보수적인 장로교 목사의 아들로 훈련받은 저는 전통을 무시하면서 목회를 할 수 없었습니다. 한국교회의 아름다운 전통을 누구보다도 사랑할 뿐만 아니라 고난을 이기는 청교도적인 전통 위에 제 신앙을 세워왔기 때문입니다.

그러나 오늘날 사역들을 다시 한번 진지하게 평가해야 하는 이유는 과연 우리의 전통적인 사역이 '생명이 있는가, 열매가 나타나는가, 사람을 변화시키는가, 그것을 통해 구원받는 자가 점점 많아지고 있는가'를 살펴봐야 하기 때문입니다. 어제의 방법과 원리를 가지고는 오늘 이 시대의 젊은이들을 바꿀 수 없습니다. 전통만으로 사람을 변화시키기는 힘이 들지만 다가오는 새 시대를 감당할 만한 비전이 더해진다면 가능합니다.

교회가 부흥하려면 여하튼 매주 새로운 사람들이 와야 합니다. 그런데 성도들이 왜 사람을 데려오지 않을까요? 성도들에게 물어보면 아마도 이렇게 말할 것입니다. "나는 우리 교회를 사랑합니다. 그렇지만 새로운 친구를 데려오는 것은 생각해봐야 하겠습니다. 왜냐하면 예수를 믿지 않는 새 친구가 우리 교회에 와서 적응할 수 없을 것 같기 때문입니다."

오늘날 교회의 거의 모든 프로그램이 기존 성도들만을 위해서 계획되고 있는 실정입니다. 기도하고, 찬양하고, 말씀 듣고, 광고 듣고, 헌금하고…. 난생처음 교회에 와보는 사람들에게는 마음 붙일 데가 없습니다. 이러니 지금 한국교회나 이민교회에서는 불신자가 교회 나오는 것이 아니라 기존 성도들이 자기들을 더 기쁘게 해주는 교회의 예배를 찾아다니기에 바쁩니다. 지금 한국교회의 성장이라는 것은 상당수 기존 성도들 간의 수평이동에 기인했으며, 교회는 자라지 않고 현상 유지 혹은 퇴보의 길을 걷고 있습니다.

변화된 교회의 지도자는 예수 믿지 않는 사람들이 관심을 기울일 프로그램을 알고 있습니다. 이것은 단지 교회 성장만을 위한 욕심이 아니라 불신자들에 대한 불타는 심정 때문입니다. 기존 성도들이 믿지 않는 친구들을 데려와도 안심할 수 있는 사역이 되어야 합니다. 불신자들이 와도 아무런 어려움이 없도록 교회의 프로그램을 바꿔야 합니다. 심방, 전도폭발 등이 다 중요하지만 그보다 더 중요한 것은 주일예배가 전도의 문이 활짝 열리는 다이내믹한 시간이 되도록 빗장을 푸는 것입니다.

어떤 성도들은 교회가 커지고 변화되는 것에 거부감을 가질 수도 있습니다. 변화된 지도자는 이런 성도의 심정 또한 고려하여, 이들

이 교회 내의 소그룹을 통해 진정한 영적 교제의 능력을 맛보도록
함으로써 이 문제를 해소해나가야 합니다. 큰 교회에서도 교회 내
교회Church in Church의 성격을 지닌 구역이나 다락방, 소그룹의 생명력을
활용하여 그들의 필요를 채우면서 변화를 수용하게 해야 합니다. 그
래서 평신도 지도자들끼리도 서로 사역할 수 있는 분위기를 만들어
가야 합니다.

이런 목회자,
절대 버리지 않으신다

　　16세 때 주일학교 학생들에게 첫 설교를 한 이후 33세에 교회를 개척하여 오늘에 이르기까지 많은 시간을 크고 작은 교회에서 부교역자로 혹은 담임으로 목회를 했습니다. 그러면서 늘 잊지 않고 관심을 집중해온 문제가 있었는데, 그것은 '과연 어떤 요인이 교회를 성장시키고 부흥시키는가?' What makes a church grow?였습니다.

　　틈만 나면 교회론과 교회 성장에 관한 책들을, 그것이 긍정적인 입장의 책이든 부정적으로 바라보는 것이든 상관없이 두루 섭렵했고 한국을 비롯한 아시아, 미국, 캐나다, 유럽, 아프리카 지역의 부흥하는 교회들을 웬만하면 거의 다 방문해보았습니다. 미국이나 다른 지역에서 집회 부탁을 받으면 꼭 한 가지를 초청한 곳에다가 요구했는데, 그것은 좋은 곳을 구경시켜주지 않아도 좋으니 그 지역에서 제일 부흥한 교회에 꼭 데려가달라는 것이었습니다.

　　그렇게 건강하고 역동적으로 부흥하는 교회의 가장 기본적인 공통분모가 무엇인지 늘 생각해오다가 얻어낸 결론은 바로 지도력, 곧 리더십 Leadership이었습니다. 지극히 당연한 답인 것 같지만 오늘날 한국교회나 이민교회나 할 것 없이 이 리더십에 관한 부분을 심각하게 검토해야 합니다. 교회가 커지는데도 리더십이 그 성장 구조와 속도를 따라가지 못하면 결국 그 교회는 분열의 아픔을 겪든지 혹은 길고긴 고통을 겪게 될 것입니다. 모든 것이 리더십에 따라 흥왕하기도 하고 추락하기도 합니다.

그러면 부흥하는 교회가 공통적으로 갖고 있는 리더십은 어떤 것입니까? 하나님이 이루실 일에 대한 믿음이 누구보다 부요한 목회자가 섬기는 교회는 부흥합니다. 분명한 것은 하나님이 허락하신 꿈과 믿음을 갖고 시작하지 않으면 아무런 일도 일어나지 않는다는 것입니다. 늘 듣는 말이지만 교회는 목회자의 말씀과 비전 이상으로 성장하지 않습니다. 많은 대형교회 목사님들이 교회가 어떻게 부흥되었느냐는 질문에 "하나님의 은혜로, 또 하다 보니까 이렇게 되었다" 하고 겸손하게 대답합니다. 하지만 그분들은 마음속으로 믿음의 큰 꿈을 간직하고 있습니다.

만약 목회자에게 주님과 교회에 대한 믿음 그리고 꿈이 없다면 그는 목회자로서 제일 중요한 리더십을 상실한 것입니다. 담임목사의 가장 중요한 역할은, 모든 성도에게 하나님의 말씀을 그분이 원하시는 꿈과 비전으로 시대에 맞는 옷을 입혀서 끊임없이 재해석시켜주고 보다 명확하게 깨닫도록 해주는 것입니다. 하박국 2장 2절은 이렇게 말합니다. "너는 이 묵시를 기록하여 판에 명백히 새기되 달려가면서도 읽을 수 있게 하라." 목회자는 성도들이 정신없이 바쁜 일상생활 가운데서도 명확하게 꿈과 비전을 마음 판에 새기고 늘 기억하도록 이끌어야 할 큰 책임이 있습니다.

물론 부흥하는 교회의 목회자들도 결코 완벽하지 못합니다. 그러므로 스스로를 잘 아는 목회자라면, 자신이 만약 학문적으로 부족할 경우 공부를 많이 한 부교역자를 채용하여 보충할 것이요, 상담에 은사가 없다면 상담 사역자를 둘 것이며, 음악적 은사가 약하다면 전문 음악 사역자를 통해 연약한 부분들을 채울 수 있을 것입니다.

담임목사는 자신에게 어느 누구도 대신해줄 수 없는 독특하고도 확고한 영역이 있음을 인식해야 하는데, 그것은 바로 하나님을 향한 믿음의 은사와 꿈, 비전입니다. 이것이 부흥하는 교회 목회자가 가진 리더십의 요체입니다. 이런 이유로 대부분 성장하는 교회의 목사는 선교 지향적Missionary일 뿐 아니라 비전 지향적Visionary이라는 평을 듣는 것입니다. 이 믿음과 꿈은 다음 세 가지에 의해서 결정됩니다.

1. 뼈를 묻을 각오로 내가 사역하는 이 교회를 섬기겠는가?
2. 섬길 사역지에 나의 꿈과 믿음의 은사에 함께 동역할 잠재력 있는 사람들이 얼마나 있는가?
3. 나는 정말 영혼을 섬기는 은사가 있는 사역자인가?

이 요건들이 해결되면 하나님은 뜻하신 가장 적당한 시기에 부흥시키십니다. 하나님의 시간표는 빠르고 늦는 법이 없이 언제나 정확합니다. 물론 처음부터 우리의 꿈, 믿음의 은사가 완전하지는 않습니다. 그러나 하나님이 꿈을 이루시는 방법은 꼭 폴라로이드 카메라로 사진을 찍는 것과 같아서, 처음 찍고 난 뒤에는 희미하게 보이지만 서서히 시간이 지남에 따라 명확한 모습을 드러냅니다. 완벽하지는 않지만 성경이 말하는 건강한 교회의 꿈을 갖고 믿음으로 신뢰하며 결단을 내리면, 처음에는 희미하게 보일지라도 하나님께서 섬세하게 간섭하셔서 나중에는 사역의 열매와 결과를 뚜렷이 보여주실 것입니다.

믿음의 은사가 있는 지도자는 실패를 두려워하지 않습니다. 부흥하는 교회들의 역사를 살펴보면 대부분 큰 모험과 결단의 순간들이 있었습니다. 그런 경향이 드러나지 않는 목회자라 하더라도 개척할 때만큼은 과감하게 결단을 했을 것입니다.

하나님은 과감하게 모험하는, 용기 있는 자들을 사용하십니다. 하나님이 왜 그렇게 사도 바울을 편애(?)하시고 그를 위대한 종으로 쓰셨을까 궁금했는데, 사도행전을 읽다가 깜짝 놀란 적이 있습니다. 예루살렘 공회가 그를 파송한 이유에 대해서 이렇게 기록하고 있었기 때문입니다. "사람을 택하여 우리 주 예수 그리스도의 이름을 위하여 생명을 아끼지 아니하는 자인 우리가 사랑하는 바나바와 바울과 함께 너희에게 보내기를 만장일치로 결정하였노라"(행 15:25-26).

어떤 목회자든 결단을 하고 모험을 할 때에는 두려움이 따르기 마련이지만 믿음의 은사가 있으면 그 두려움을 덮어버릴 만한 담대함이 생깁니다. 진정으로 바울이나 바나바와 같은 사역을 하길 원한다면 위험을 감수해야 합니다.

흔히들 하나님은 우리가 성공한 사람이 되기보다는 충성된 사람이 되기를 원하신다고 생각합니다. 물론 하나님은 우리의 충성됨을 원하시지만 그분이 좀 더 원하시는 것은 우리 사역의 열매입니다. 열매는 신약성경의 중요한 주제입니다. 진정으로 충성한다면 반드시 열매를 주셨습니다.

마태복음 25장의 달란트 비유는 우리에게 많은 교훈을 줍니다. 다섯 달란트나 두 달란트 받은 자가 모험을 해서 두 배의 열매를 남겼을 때 주님이 '착하고 충성된 종'이라고 하셨습니다. 그들의 열매가 그 충성의 수준을 결정한 것입니다. 대신 열매 없이 묻어둔 한 달란트 받은 자는 '악하고 게으른 종'이라는 혹독한 책망을 받아야만 했습니다.

만약 모험을 하지 않는다면 믿음의 은사가 필요 없을 것입니다. 그리고 사역에 대한 믿음이 없다면 충성할 수도 없습니다. 충성이란 사역의 열매를 얻기 위해 모험을 감수하는 것과 같은 의미임을 알아야 합니다. 하나님은 우리 모두에게 충성과 열매 맺는 사역을 동시에 요구하십니다. '불충성이란 모험을 감행하지 않았다는 의미의 다른 표현'인 것을 항상 기억해야 합니다.

실패란 목표를 이루지 못한 것이 아니라 아예 목표를 세우지도 않은 것입니다. 실패란 이루지 못할까 두려워하여 아예 시도조차 하지 않은 것입니다. 섬기는 교회가 비록 목표를 달성하지 못했다고 해서 실패했다고 말해서는 안 됩니다. 평신도 지도자들이 가진 믿음의 크기와 목회자가 가진 믿음의 크기가 맞아떨어져서 그 목표를 이루기 위해 함께한다는 것 자체가 가장 중요한 성공이라는 인식을 가지고 비록 눈에 보이는 목표까지 도달하지 못했다 해도 그 대신 보이지 않는 목표를 이루겠다는 각오로 생각의 틀을 바꿔야 합니다.

더 이상 스스로를 다른 사역자들과 비교하지 마십시오. 나와 관계가 없는 직종의 사람이 성공했을 때에는 가슴 아파하지 않지만, 오히려 의사가 의사를 질투하고 성악가가 같은 성악가의 명성에 흠집을 내는 것이 인간의 본성입니다. 하지만 하나님이 주시는 믿음으로 모험을 하고 실패를 두려워하지 않는 목회자는 객관적으로 자신보다 사역을 더 잘한다는 사람들 때문에 상처받지 않을 것입니다. "그들이 자기로써 자기를 헤아리고 자기로써 자기를 비교하니 지혜가 없도다"(고후 10:12)라고 한 바울의 말을 공감하는 사람들인 것입니다. 우리는 교회의 부흥과 성장을 믿는 것이지 교회의 성장 규모를 비교하기 위해 사역하는 자들이 아닙니다.

천국에 가면 하나님께서 우리에게 "너는 왜 누구누구처럼 사역을 하지 못했느냐"라고 책망하지 않으실 것입니다. 단지 "너에게 가장 알맞은 믿음의 은사를 주었는데 왜 그것을 사용하지 않았느냐" 하고 섭섭해하실지도 모릅니다. 하나님은 우리를 이 세계에서 최고의 목회자가 되도록 부르신 것이 아닙니다. 대신 각자에게 주신 은사를 최대한 발휘하는 목회자가 되길 원하십니다. 하나님은 당신께서 정하신 나만의 분량을 믿음으로 깨달아 실패를 두려워 않고 모험을 감행하는 목회자를 찾고 또 찾으십니다.

제1기 교사훈련원.
교회는 평신도 지도자들을 잘 키워서
그들이 하나님께로부터 받은 은사들을
최대한 발휘하도록 도와주어야 한다.

담임목사가
의식을 전환해야 한다

지금까지의 사역을 점검해볼 때 '하나님은 처음부터 완벽하게 준비된 사람을 쓰시는 것이 아니라, 비록 약점이 있더라도 그 약점을 극복해가는 사람을 쓰신다는 것'을 깨닫게 되었습니다. 하나님께서 사람의 약점을 극복시키시는 방법 중의 하나는 좋은 사람들을 만나 서로를 통해서 모난 점을 다듬도록 하시는 것입니다. 이런 이유로 우리는 진정 복된 만남을 위해 기도해야만 합니다. 자녀를 위해서는 좋은 사역의 스승, 좋은 배우자, 좋은 믿음의 친구들을 만날 수 있도록 기도를 잊지 말아야 하고 특히 창조적 사역을 갈망하는 목회자라면 좋은 부교역자, 좋은 평신도 지도자와의 만남을 위해서 하나님께 매달려야 합니다.

남가주에 교회를 개척하고 3년쯤 지나 성도가 400명쯤 출석할 때 저는 영적으로나 육체적으로 상당히 지친 상태였습니다. 재충전도 할 겸, 미국에서 모범적으로 목회하면서 신학교 박사 과정의 초빙교

사역의 이륙을 위한 목회자의 패러다임

수로 있던 분에게 상담을 요청했습니다. 여러 가지 문제들을 상담했는데 그 미국인 목사의 해답은 너무나 간단명료했습니다. "동역자를 구해서 같이 일하라!Recruit more staffs." 이후 지금까지 함께했던 부교역자들을 통해서 얻은 복과 창조적 사역의 열매는 무엇과도 바꿀 수 없는 소중한 자산이 되고 있습니다.

매년 함께 새해를 구상하는 전 교역자 가족 수양회에서는 창조적 아이디어들이 넘실대는 강물과 같이 쏟아져 나옵니다. 빌리 그레이엄 목사가 성경을 하나님의 말씀으로 받아들이겠다고 고백하며 은혜를 받았던, 눈 덮인 포레스트 홈Forest Home 수양관에서 우리는 자신들이 가진 은사대로 맡은 사역을 점검하고 새로운 방향에 대해 진지한 나눔의 시간을 갖기도 했습니다.

교회의 규모가 작아 담임목사 혼자서 일해야 하는 상황이라면 부교역자 대신 평신도 지도자들을 잘 키워서 그들이 하나님께로부터 받은 은사들을 최대한 발휘하도록 관심을 집중해야 합니다. 그러면 그들 모두 그리스도의 지체로서 교회를 훌륭하게 섬길 것이고, 그럴 때 사역이 더 윤택해지며 소중한 열매가 나타나게 됩니다.

저의 지인 중에는 좋은 평신도 지도자를 만나서 그들을 존경하며 함께 사역하는 것이 목회의 가장 큰 기쁨이라고 고백하는 목회자가 여러 명 있습니다. 이제 한 사람이 독주하는 시대는 지나갔습니다. 담임목사 혼자서 사역의 열매를 차지하고 혼자서 영광을 얻던 시대는 지나갔습니다. 이제는 담임목사와 부교역자, 담임목사와 평신도가 모두 다 승리해야 합니다.

팀사역에는 분명한 성경적 근거가 있습니다. 예수님께서도 열두 제자들과 함께 일하셨고, 초대교회도 장로들을 선출하고 일곱 집사가 팀을 이루어 일했으며, 바울도 혼자서 사역하지 않고 동역자인 실라, 디모데, 에바브로디도와 같이 일했습니다.

좋은 동역자들이 함께 팀을 이루면 신선한 아이디어와 새로운 발상, 혁신적인 방안을 끊임없이 얻을 수 있습니다. 다시 한 번 강조하지만 오늘날과 같은 정보화 시대에는 혼자서 모든 것을 할 수 없습니다. 따라서 부교역자들과 서로 물어보고 가르치며 가르침을 받는 것이 훨씬 더 효과적입니다. 공유된 자원을 서로 나누면 그 지식의 떡이 더 커집니다. 이렇게 될 때 부교역자들이 서로 자기 몫 챙기기에 바쁘다든지 자기의 영역이 침범당하는 것을 두려워하여 소극적 자세에 머무르지 않고, 서로 자기의 강점을 함께 나눔으로 끊임없이 창조적인 사역을 창출해낼 것입니다. 이는 제가 지금껏 사역을 해오면서 실제로 체득한 사실입니다.

좋은 인재가 좋은 일거리를 만들어낸다고 확실히 믿고 교회가 팀 사역의 정신을 증진시키는 데 들어가는 재정적인 지원을 아끼지 말아야 합니다. 실례로 교역자 수양회, 교역자 재훈련비, 좋은 세미나를 통한 재충전, 새로운 정보를 얻을 수 있는 도서 구입, 컴퓨터 시스템 도입 등 여러 가지 투자가 있을 것입니다.

대부분의 교회가 일거리를 만들어놓고 거기에 맞추어서 부교역자를 뽑습니다. 그런데 사역을 하면 할수록 느끼는 것은, 좋은 은사를 지닌 부교역자를 먼저 청빙하고 그 부교역자가 제일 잘할 수 있는 일과 은사를 중심으로 사역할 수 있도록 돕는 방식이 더 효과적이라는 것입니다. 물론 넉넉하지 않은 교회 예산에서 이런 여유를 부릴 수 있겠느냐고 반문할지 모르지만, 잘못 만난 부교역자 때문에 교회가 진통을 겪고 예산을 낭비하는 것에 비하면 이것이 보다 나은 방법이라고 생각합니다.

특히 한국교회의 미래를 위해서 교회는 젊은이들을 위한 사역에 가슴을 열어야 합니다. 또한 평신도와 같이 사역팀을 이루어야 하는 목회자들은 먼저 평신도와 말씀 사역을 공유하는 것에 대해 신학적으로 동의해야 합니다. 이것은 평신도에게 설교를 시킨다는 뜻이 아니라 소그룹 지도자 훈련을 받은 평신도가 또 다른 평신도의 삶을 변화시킬 수 있다고 믿고 그들에게 사역을 맡긴다는 뜻입니다.

우리의 목표는 지금 신학적으로 많이 알고 똑똑한 평신도들을 배출하는 것이 아닙니다. 삶의 변화를 통해 다른 사람에게 영향을 끼치는 Role Model 평신도가 필요하다는 것을 늘 염두에 두어야 합니다.

담임목사의 가장 중요한 역할은 비전을 얻고, 확신시키고, 전파하는 일입니다. 아무리 부교역자들과 팀사역을 한다 하더라도 하나님께서 담임목사에게만 허락하신 비전이 있습니다. 부교역자들과 함께하는 공동 사역은 그 비전을 발전시키고 보다 예리하게 다듬는 역할을 합니다. 그리고 그것이 모든 성도에게 의식화되도록 함께 일합니다. 그러기 위해서 먼저 하나님께서는 담임목사에게 큰 청사진과 비전을 주십니다. 이것이 창조적 사역을 위해 담임목사가 가장 먼저 져야 할 거룩한 부담입니다.

바람직한 사역은 마치 3층 집과 같은 구조를 가집니다. 1층에 대부분 거실이나 식당이 있는 것처럼 1층 사역은 매일매일 감당해야 하는 일 Daily Work 을 의미하고, 2층에서는 사역을 계획하고 조직, 전략, 정책을 세웁니다. 3층에서 진행되는 사역은 꿈을 꾸고 비전을 얻고 제대로 삶을 살고 있는지 돌아보는 자기 평가를 의미합니다.

창조적 사역을 위해서 담임목사가 해야 할 가장 큰일은 3층의 역할입니다. 물론 1층과 2층의 사역도 중요하지만 그것은 팀에게 맡기고, 담임목사는 3층에 살면서 언제든지 사역 전체를 파악하고 꿈을 꾸고, 정확한 평가를 내리고 어떻게 하면 전 교우가 이 꿈을 향해 헌신할까 하는 고독한 심사숙고를 거듭해야 합니다. 어떻게 하면 동역자들을 정신적으로 후원하며, 역동적인 교회가 되도록 섬길 것인가를 날마다 꿈꿔야 합니다. 부교역자들을 부담의 대상, 점검의 대상으로 여기기보다는 창조적 목회를 위한 후원과 섬김, 지원의 대상으로 여기는 인식의 전환이 있어야 합니다.

더 나아가 담임목사는 1층과 2층의 일들은 과감하게 분담시키고 3층에서 고독을 즐겨야(?) 합니다. 그러면 부교역자들과의 인간관계에서도 사역의 영역이 다르기 때문에 부딪힐 일이 별로 없습니다. 좋은 분위기 속에서 담임목사와 옷깃만 스쳐도, 눈빛만 마주쳐도, 마주 서 있기만 해도 은혜가 되는 복이 임합니다.

안식년을 보낼 때 1, 2층 사역들이 담임목사가 없어도 너무나 잘 진행되는 것을 보고 깜짝 놀랐습니다. 그러나 1, 2층의 일들이 아무리 잘 굴러가도 3층의 일만큼은 담임목사 외에 대신할 사람이 없습니다. 저는 안식년 동안 주보에 담임목사 소식란을 마련하며 성도들과 3층 사역의 꿈을 나누었고 규칙적으로 선임 부목사와 의사소통을 했습니다. 그러한 가운데 창조적 목회와 열매 있는 팀사역을 위해서는 반드시 담임목사는 3층의 일을 늘 파악하고 있어야 한다는 것을 더욱 절감했습니다.

팀사역에서 담임목사의 역할을 제대로 인정받기까지는 많은 시간이 요구되지만 그 권위가 추락하는 데는 한 시간이면 족하다는 것을 잠시도 잊지 말아야 합니다.

어떤 교회에 청빙을 받아 담임목사로 부임했다고 해서 그 직분 자체가 권위를 보장하지는 못합니다. 일정한 기간 동안 평신도 지도자들, 부교역자들과 좋은 관계를 형성해야 하고 또한 담임목사의 리더십 아래 사역의 좋은 결과가 나타나야 하며 그 결과를 통해 담임목사를 신뢰하여 그와 같은 스타일의 리더들이 재생산되어야 창조적인 사역팀이 구성되는 것입니다. 이럴 때 사람들은 담임목사를 존경하고 따르게 되며 효과적인 사역이 이루어집니다. 이것은 긴 시간을 요구할 뿐 아니라 좋은 사역팀이 갖춰질 때 가능합니다.

20년 이상 다져왔던 담임목사의 권위가 독선적인 판단, 부도덕한 일, 비윤리적인 일에 걸려 순식간에 추락하는 것을 여러 번 봤습니다. 이런 약점들을 서로의 창조적 팀사역을 통해 보완해나간다면 사역의 장에서 한을 남기는 안타까움은 없을 것입니다.

마지막으로 창조적인 목회는 항상 비판의 소리가 뒤따른다는 것을 예견하고 있어야 합니다. 창조적인 사역을 위한 새로운 제안과 아이디어는 늘 비판을 면치 못한다는 점도 기억해야 합니다. 서양속담에 "고래가 수면 위로 올라와서 물을 뿜지 않으면 작살을 맞을 일도 없다"라는 말이 있습니다. 무언가가 무서워서 시도조차 않는다면 하나님은 우리 대신 다른 사람을 사용해서라도 하나님 나라의 일을 하실 것이 분명합니다. 쓰임 받는 감격의 파도가 비판의 골짜기를 넘쳐 덮을 수 있게 해야 합니다.

드럼을 허락해야 하나
말아야 하나

예배 시간에 드럼을 치는 것에 대해서 어떻게 생각하십니까? 어떤 목사님들은 기타와 드럼은 절대로 허용할 수 없다고 하십니다. 그 이유는 그런 악기들이 세속문화의 표현이요, 특히 드럼의 비트는 사람의 말초신경을 자극하여 좋지 않은 방향으로 이끌기 때문이라는 것입니다. 어떤 목사님은 마음으로 용납하기는 어려우나 시대의 대세에 따라 '울며 겨자 먹기' 식으로 허용하고 있습니다. 어떤 목사님은 대예배를 제외하고 부분적으로 허용하기도 합니다.

엄숙하고 경건하고 깊이 있는 교회문화를 지키는 것은 물론 중요한 일입니다. 저도 보수주의 목사의 아들로 태어난지라 가스펠보다는 그레고리안 찬트나 찬송가에 더 익숙합니다.

톰 피터스Tom Peters는 그의 책《초우량 기업의 조건 In Search of Excellence 》(더난 출판)을 통해 미국에서 가장 잘 운영되는 43개의 기업들을 보도한 적이 있습니다. 그런데 이 책이 발간된 후 2년밖에 안 된 시점에서 43개의 30퍼센트가 넘는 14개 기업이 재정적으로 큰 어려움을 겪게 되었습니다. 〈비즈니스위크 *Business Week*〉가 그 이유를 분석했는데, 그것은 '변화에 대한 반응과 응수의 실패'였습니다. 세계화가 빠르게 진행되는 시대에서 국제무대의 경쟁력을 확보하는 최대의 관건은 '변화의 역동력'입니다.

더 이상 큰 기업이 작은 기업을 먹어치우는 것이 아니라, 빠르게 변화하는 기업이 변화가 늦거나 변화 없이 굳어 있는 기업을 잡아먹는 시대가 도래했습니다. 지금 많은 교회 지도자들이 변화에 민감하게 대처하지 못해서 어려움을 겪고 있습니다. 솔직히 한 지역교회가 100년 이상 계속 힘 있게 쓰임 받는 예는 거의 없습니다. 시대를 움직이고 영향을 끼친 교회는 대부분 변화를 거부하는 교회에서 뛰쳐나온 새로운 교회들이 아닙니까? 이처럼 교회도 변화에 대한 반응과 응수에 실패하면 하나님이 맡기신 교회의 사명을 완수하는 데 큰 어려움을 겪게 될 것입니다.

제가 세상 기업을 언급하는 것 자체가 외람되지만 이렇게까지 강조하는 것은 거룩한 생명을 구원하는 사역 속에서 우리 지도자들이 가진 생각의 틀이 바뀌어야만 하기 때문입니다. 사역이란 탁상공론이 아니며 허공을 치는 관념의 세계가 아닙니다. 창조주 하나님이 나와 동행하시며 기적과 치유를 주시는 살아 있는 현실인 것입니다.

생각의 틀, 사역에 대한 선입관을 바꿔야 합니다. 고난 가운데서도 헌신과 부흥의 열정이 변치 않는 한국교회의 강점 위에 시대의 변화를 읽는 시각을 가져보십시오. "고정관념은 깨져도 아프지 않다"라는 말처럼 말입니다. 특히 변화에 민감한 20~40대들에게 다가

가기 위해서는 이런 노력이 꼭 필요합니다.

그렇다면 어느 때에 새로운 패러다임의 변화가 필요합니까? 사역자들 중에서 스스로 "나는 이 정도면 됐다"라고 말하는 분은 없을 것입니다. 늘 거룩한 불만, 창조적 못마땅함 때문에 사역의 돌파구를 열어달라는 기도제목이 끊이지 않을 때 패러다임의 변화가 일어납니다. 여기에 목회자의 생각의 틀이 바뀌어야 할 필요를 꿰뚫는 질문 몇 가지를 제시합니다.

첫째, 내가 지금 섬기는 사역의 결과에 만족하고 있는가?

둘째, 보람 있는 사역을 방해하는 장애물들에 적절히 대처하고 있는가?

셋째, 만약 지금 맡겨진 일을 처음부터 다시 시작한다 해도 지금 하고 있는 것과 같은 방법으로 다시 시작할 수 있겠는가?

넷째, 사역자들이 아닌 비전문가나 새신자들이 우리 사역자와 똑같은 방법을 채택할 수 있겠는가?

예수님을 처음 믿는 초신자들이 어떤 분야에서는 훨씬 더 신선한 사고방식과 통찰력으로 믿지 않는 영혼 구원을 위하여 사역자들을 일깨울 수 있음을 확신합니다. 저도 초신자들을 통해서 지금껏 간과했던 많은 것들을 깨닫고 도전을 받았으며, 그들과의 만남을 계기로 얼마나 많은 영감과 통찰력을 얻었는지 모릅니다.

요즘 서울 강남 지역에 등장한 대형교회는 특별한 몇 교회를 제외하면 믿지 않는 불신자가 교회에 영입된Conversion Growing 것이 아니라 이미 예수님을 믿는 기성 신자의 이동Transfer Growing에 힘입어 교회가 성장했다는 연구 보고가 있습니다.

대형교회가 하나님 나라 확장의 견지에서 어떤 바람직한 영향을 주었는지 판단하기는 아직 이릅니다. 다만 한 가지 분명한 시대의 추세는 갈수록 점점 더 초대형교회가 많아지리라는 것입니다. 목회자는 이런 시대의 흐름에 대해 예리한 판단력과 통찰력을 갖고 있어야 합니다.

패러다임의 변화에 민감한 사역자라면 이런 시대의 추세를 보면서 더 이상 기성 신자의 영입에 눈을 돌릴 것이 아니라, 믿지 않는 교회 밖 영혼들을 어떻게 하면 하나님 나라의 백성으로 만들 수 있을까 하는 문제에 전력투구해야 합니다. "우리가 사는 지역의 믿지 않는 영혼 중 적어도 1/10은 제게 붙여주소서" 하는 구령의 열정으로 불타오르는 사람이야말로 패러다임 변화에 민감한 사람이라 할 수 있습니다.

남가주 사랑의교회는 1년에 한 번 정도 믿지 않는 남편의 구원을 위한 행사를 열고 있습니다. 이민교회도 한국과 마찬가지로 아내들이 먼저 영적으로 눈을 뜨고 불신 남편의 영혼 구원을 위해 매달리는 모습을 많이 볼 수 있습니다. 그래서 1년 내내 '남편 초청의 밤'을 위하여 기도하고 준비합니다. 장소는 교회가 아니라 분위기 좋은 연회장이나 너무 화려하지 않은 호텔의 연회룸을 빌려서 진행합니다. 말 그대로 잔치를 여는 것입니다.

믿지 않는 남편이 와도 서먹하지 않도록 찬송도 부르지 않고 세련된 매너와 분위기로 서로의 마음을 열게 합니다. 이때 사회적으로 존경받는 그리스도인 기업가, 지도자들을 청해서 삶의 보람과 신앙 간증 등을 듣습니다. 이 모임을 통해 여러 해 동안 수십 명의 남편이 예수님께로 돌아왔습니다. 그들의 사회적인 위치와 공헌도 등 그들이 예수 믿고 앞으로 영향을 끼칠 것을 생각하면 1주일 내내 전도집회나 부흥회를 여는 것보다 더 실속 있는 모임이라고 여겨집니다.

수직적 구조에 익숙한 전통적인 교회에서는 목회자 주도적 사역의 틀에 억제와 균형을 유지하기 위한 교회 조직이 얹어져 평신도는 헌금을 하고 인력을 제공하는 것을 최선의 의무로 정하고 있습니다. 그러나 수평적 교회 구조는 비전과 꿈, 사명으로 성도들을 무장시키고 동력화하여 사명 위주로 교회가 움직이도록 합니다. 이런 교회는 직분이 권위를 갖는 것이 아니라 하나님 나라의 사역 자체에 권위가 부여됩니다.

수평 구조 중심으로 사역하는 교회의 패러다임은 '사람 계발 중심'입니다. 사역 장소는 교회가 아니라 학교요, 사무실이요, 공장의 일터입니다. 즉, 세상 속에서 살아 있는 신앙생활을 하도록 돕는 일입니다.

패러다임이 바뀐 사역자는 늘 교회 일보다 교우들의 삶에 더 큰 관심을 가지며, 사명과 사람을 마음의 중심에 두고 일합니다. 이처럼 사명 중심의 교회는 오늘 이 시대 문화의 변천을 예리하게 관찰하고 주위의 문화와 연결을 시도하며 이를 통해 효과적으로 그리스도를 만나도록 다리를 놓아줍니다.

지금 이야기하는 것은 교회의 아름다운 전통, 조직, 성경의 무오성에 대한 변화를 시도하자는 것이 아니라, 영혼 구원을 위해서는 우리의 시각이 바뀌어야만 한다는 말입니다. 잃어버린 영혼들을 찾는 것은 어느 한 부서의 담당으로 끝날 일이 아니라 전 교회가 힘을 모아야 할 일이기 때문입니다. 오늘의 목회자에게는 열린 시각, 패러다임의 변화, 믿지 않는 세상 사람들을 인도하여 예수님께 접붙이도록 주신 사명에 불을 붙이는 것이 필요하다고 다시 한 번 강조합니다.

드럼의 '비트'가 사람의 말초신경을 자극하기에 우리가 그것을 거부하고 교회에서 추방할 수도 있지만, 오히려 그 비트를 예수님을 찬양하는 도구로 사용하며 허무와 쾌락에 물든 젊은이들을 하나님 나라의 백성으로 만들 수는 없을까요? 21세기에 교회의 사명을 좀더 효율적으로 감당하기 위해서는 교회 사역자들이 자신의 패러다임을 바꿔야 합니다.

영적 슬로건이
필요합니다

　언젠가 중국을 방문했을 때, 길림성 로가라는 곳에서 바로 눈앞에 보이는 함경북도 무산시의 일부를 본 적이 있습니다. 시내 곳곳에 새빨간 글씨가 적힌 큰 현수막과 간판 등이 걸려 있었습니다. "당이 명령하면 우리는 언제든지 한다", "수령님은 항상 우리 가슴속에 살아 계신다". 참으로 실소를 자아내게 하는 슬로건들이었습니다. 우리가 보기에 너무나 엉터리 같은 구호를 가지고도 북한은 사상적으로 일치단결하여 조금도 요동하지 않고 지금의 배고픔을 이겨나가는 것을 보면 기가 막힐 따름입니다.

　저런 어이없는 구호를 외치면서도 이천만이 넘는 사람들이 하나로 뭉쳐서 국력을 기르고 있는데, 변함없는 진리인 하나님의 말씀을 받고도 사람들의 삶에 영향을 끼치지 못한다면 얼마나 부끄러운 일일까 생각해보았습니다. 사역자들이 성경적인 분명한 원리를 바탕으로 사람들의 심령을 흔들 만한 영적 구호와 슬로건을 만들어 이것이 공동체 안에 계속 자리 잡게 할 수 있다면, 지치지 않는 창조적인 목회가 가능할 것입니다.

저는 교회를 개척할 때부터 오늘에 이르기까지 계속해서 교우들과 함께 영적 슬로건을 외쳤습니다. 그중 특별히 제 마음속에 남아 있는 것들을 소개합니다.

I. 교회를 개척하거나 처음 교우들을 훈련할 때

"너무 사람에게 욕심내지 말라."

: 내가 원해서 택한 사람들과 사역하는 것이 아니라 하나님이 보내주신 사람과 교회를 시작해야 한다는 뜻으로, 브리스길라와 아굴라 같은 충성된 사람들은 나의 욕심으로 얻어지는 것이 아니라 하나님이 보내주심을 표현합니다.

"우리 교회만의 역사가 아니라 하나님의 역사God's History가 되게 하소서."

"남가주 사랑의교회 때문에 이민 사회가 소망이 있게 하소서!"

: 교회는 사람들이 다른 곳에서 찾을 수 없는 그 무엇을 공급해야 하므로 감동을 끼치는 사역을 하지 않으면 결코 이 시대를 섬길 수 없습니다.

"이제는 듣는 복음이 아니라 보는 복음이어야 한다."

: 오늘날의 사역은 말로만이 아니라, 성령의 나타남과 큰 능력을 수반해야 함을 말합니다.

"문제를 덮어버릴 수 있도록 문제보다 더 큰 은혜를 주옵소서."

: 문제는 어느 교회, 어느 시대를 막론하고 있게 마련입니다. 오직 그 문제를 극복할 수 있도록 하나님께서 우리를 불쌍히 여겨주셔야 합니다. 제일 큰 교회는 못 짓더라도 은혜 받는 데는 제일 큰 교회가 되게 하시고 서로 사랑하는 데 일등 선수들이 되게 하소서.

"이민생활 정착은 좋은 교회생활과 비례한다."

: 교회가 은혜로우면 가정이 힘들어도 극복할 수 있는 힘을 얻지만 날마다 교회가 시끄럽거나 복된 교회생활을 하지 못하면 멀쩡하던 가정도 힘들어지게 되어 있습니다.

"모든 교우가 영적으로 꼭 성공하는 교회 되게 하소서."

: 아무리 좋은 직업, 위치, 재산, 대단한 인생이라도 영적으로 성공하지 못하면 그 인생은 아무것도 아닙니다.

"우리 사역의 목표는 변화된 그리스도인Transformed Christian을 만드는 데 있다."

: 많이 아는 그리스도인Informed Christian이나 어느 한 교단에 동화된 그리스도인Conformed Christian을 만드는 것이 목표가 아닙니다. 우리의 목표는 사람을 변화시키는 것입니다.

"모든 교우는 배우든지 가르치든지 둘 중에 하나를 꼭 선택해야 한다."

"지난 100년간 한국교회가 미국교회에 진 빚을 이제 우리 교회가 향후 100년간 미국교회에 갚을 수 있게 하소서."

"교회의 모든 일을 행사화Activity하지 말고, 사역화Ministry하라."

: 일로 사람을 만나지 말고 사역과 꿈을 갖고 만날 수 있도록 도와주어야 합니다. 교회 차량 안내가 아니라, 차량 안내 사역입니다. 모든 성도에게 생명력과 역동성이 들어간 사역의 개념이 자리 잡혀야 합

니다.

"직분이나 조직 중심으로 움직이지 말고 성령, 소명, 꿈 중심으로 움직이는 교회가 되게 하소서."

: 일과 직분을 통해서 교회 지도자들을 만나는 것이 아니라 생명, 헌신, 섬김을 나누는 교회가 되어야 합니다.

"담임목사의 가장 중요한 역할은 바로 비전을 얻고 확신시키고 전파하는 일이다."

"일보다 사람이다."

: 일을 만들어놓고 사람을 채용하지 말고 일할 사람을 뽑아서 그 사람의 은사에 맞는 일을 맡겨야 열매가 있습니다.

"불신자가 오길 기다리지 말고 그들이 있는 곳에 가야 한다."

: 이제는 옛날 방식의 "와보라"가 통하지 않습니다. 불신자들의 삶의 현장에 찾아갈 뿐만 아니라 한 걸음 더 나아가 그들 스스로 예수님이 필요하다고 느끼도록 도와주어야 합니다.

"교회가 제대로 자리를 잡으려면 담임목사가 최소한 10년은 섬겨야 한다."

: 버섯은 60일 만에 자라지만 참나무가 자라는 데는 60년이라는 긴 세월이 필요합니다. 그러므로 단기간에 실패했다고 좌절할 필요도 없고 단기간에 성공했다고 자랑할 이유도 없습니다.

"언제든지 다시 시작할 수 있다."

: 우리 교회의 중요한 사역철학입니다.

II. 성도들의 은혜 유지를 위해

"오직 한 번뿐인 인생 속히 지나가리라. 오직 그리스도를 위한 일만이 영원하리라."

"우리는 축복의 대상이 아니라 축복의 근원이다."

"예수님이 하나님이시고 하나님이신 그분이 날 위해 돌아가셨다면 내가 무엇을 못 하겠는가? 아니, 내가 하는 어떤 헌신도 희생이 아니라 특권이다."

"교리적인 복음주의자만이 아니라 고백적인 복음주의자가 되어야 한다."

"내가 지금 메마른 신앙생활을 하는지 아닌지는 누가 말해주지 않아도 내가 더 잘 안다."

"좋은 예배가 좋은 예배자를 만드는 것이 아니라 좋은 예배자가 좋은 예배를 만드는 것이다."

: 오늘날 교회의 가장 심각한 문제는 교회마다 좋은 예배자로 훈련된 성도들이 너무 적다는 것입니다.

"주일 낮 예배 시간에는 일주일 가운데 영육의 컨디션이 정점이 되어야 한다."

: 예배는 예배를 드리기 전에 결정되고, 주일예배의 은혜는 평소의 생활에 따라 결판납니다. 한 주일도 똑같은 예배, 천편일률적인 예배를 드리지 않도록 기도하고 준비해야 합니다.

"성령 사역에 관한 한 설명만 하지 말고 실제가 있게 하라."

: 떡도 주고 물도 주는, 균형 있는 사역을 해야 합니다.

"잡초 사랑을 하지 말고 유실수有實樹 사랑을 하라."

: 나를 사랑해주는 사람을 사랑하는 것은 누구든지 할 수 있는, 가만히 있어도 자라는 잡초 같은 사랑입니다. 사랑하기 힘든 사람을 사랑하는 것이 유실수 사랑입니다.

"나를 어렵게 하는 자가 나를 성공시키는 자다."

"마귀의 가장 큰 작전은 성도들에게서 꿈을 빼앗아 가는 것이다."

: 모두가 지금 눈앞에 있는 현실에 급급하여 멀리 내다보는 능력을 잃어버렸습니다. 하나님이 내게만 주신 소명을 이루기 위해서는 일시적인 데 투자하지 말고 가장 영원한 것에 투자해야 합니다.

"주여, 하룻밤도 꿈 없이 잠들지 말고, 하루 아침도 꿈 없이 깨지 말게 하소서."

Ⅲ. 교회가 잘 자랄 때 도전을 주기 위해

"평안할 때가 가장 위험하고 평안할 때 은혜 받으려면 몸부림을 쳐야 한다."

"마귀는 방학이 없다."

"모이면 축제의 예배를 드리고 흩어지면 소그룹을 통한 성장을!"

: 매 주마다 예배를 통해 살아 계신 하나님을 만나고, 다락방을 통해 영적으로 성장하며, 받은 은혜를 또 다른 사람들에게 전파하면서 재생산의 삶을 살아야 합니다.

"중보기도를 해야 교회가 보호된다."

"주일마다 복된 만남이 있게 하소서."

"이제는 좋은 교회를 찾아다닐 시기가 아니라 함께 좋은 교회를 만들어야 할 사명을 깨달을 때다."

"환난을 겪지 않은 성도의 교양은 뿌리 없는 꽃과 같다."

: 아무리 세상에서 대단한 사람이라 하더라도 심령의 가난을 잃으면 안 됩니다.

"교회를 적당히 10년 다닌 사람보다, 1년간 확실하게 제자훈련 받은 사람이 하나님 앞에 더 많이 쓰임 받을 수 있다."

"주여, 우리의 약점이 일하지 말고 우리의 강점이 일하는 교회 되게 하소서."

"하나님이 시시하지 않은 것처럼 우리의 남은 사역이 시시하지 않게 하소서."

"목회는 안 되어도 고민이지만, 잘되어도 고민인, 지상에서 가장 독특한 것이다."

: 이것을 늘 명심하면 생의 정상에서도 겸허하며, 낙심의 골짜기에서도 좌절치 않게 됩니다.

Ⅳ. 의식 전환을 위하여

"진리는 변함이 없지만 진리를 담는 그릇은 늘 새로워야 한다."

"100년의 역사를 가진 교회는 있어도 100년 동안 영향을 끼친 교회는 거의 없다."

: 지도자의 걸늙음, 굳어 있는 것, 안일과 자기만족의 자세를 독약처럼 생각해야 합니다.

"이제 전통적인 목회관을 갖고서는 시대를 섬길 수 없고, 선교적 시각을 가진 사역으로 전환해야 한다."

"지식의 깊이가 깊을수록 소중한 인간관계를 통해서 인격의 폭을 넓히지 않으면 외골수의 인생을 살게 된다."

"선교 100주년 이전까지만 하더라도 땀 흘리고 충성만 하면 사역의 열매와 보람을 얻을 수 있었지만, 이제는 창조적인 사역이 아니면 아무리 땀 흘리고 수고해도 열매가 신통치 않은 시대가 되었다."

"아무리 많은 정보를 가졌다고 해도 내 것이 되지 않으면 쓰레기에 불과하다."

"이 시대를 섬기는 기독교 지도자는 정보 시스템을 읽을 줄 알아야 한다."

: 어느새 전산화란 말도 구시대의 용어가 되었습니다. 교계 지도자에게는 정보 공유자라는 세계사의 거대한 흐름을 한 발 앞서 인식할 수 있는 통찰력이 요구되고 있습니다.

"내 삶에 이미 결정된 것(출신, 나이, 키, 성격 등)은 어쩔 수 없는 것이지만 주님을 향한 신뢰는 우리의 뜨거운 열심, 노력에 의해서 더 깊어질 수 있다."

"자신이나 남들의 약점을 자꾸 들추어내는 일은 참으로 어리석다."

빛은 그냥 있으면 아무런 힘이 없는 것 같지만 볼록렌즈를 이용해서 그 빛을 한 초점으로 모을 때 종이를 태웁니다. 또한 이 빛을 더 높은 차원으로 집중시킨다면 레이저 빔Laser Beam이 되어 철판도 자를 수 있는 엄청난 힘을 발휘합니다. 만약 우리 사역자들과 성도들이 예수 안에서 자신의 정체성Self-Identity을 분명히 발견하고 푯대를 향하여 한결같이 달려갈 수만 있다면 남이 나를 어떻게 판단하든지 상관없이 내게 주신 독특한 은사를 가지고 우리 앞에 있는 시련의 골짜기를 뛰어넘어 곧장 은혜의 대로로 나아갈 수 있을 것입니다.

정말 중요한 것은 반복되어야 합니다. 이것이 영적 슬로건의 참된 의미입니다. 이스라엘 백성을 향한 모세의 안타까운 심정이 반복이라는 뜻을 지닌 신명기를 통해서 나타나지 않습니까? 우리는 예수님을 믿어도 중요한 것은 잘 잊어버리는 부패한 본성을 가진 인간이기에 귀에 못이 박히도록 자주 듣고, 약해질 때 다시 힘을 얻을 수 있는 계기가 필요합니다. 모든 교회가 들으면 들을수록 더 능력이 나타나는 새 시대의 영적 슬로건으로 무장되어야 합니다. 이것이 영혼의 레이저 빔이 되어 사역을 어렵게 만드는 문제의 철판들을 뚫어버리길 기도합니다.

새신자들에게
매력 있는 교회

스타벅스Starbucks는 커피 전문점의 새로운 신화를 창조한 기업입니다. 스타벅스를 세운 하워드 슐츠Howard Schultz는 회사의 성공을 이렇게 설명하고 있습니다.

"우리 회사는 끊임없이 '무엇을 위해 존재하는가'라는 근본적인 질문을 하고 있습니다. 이 질문에 확실하게 대답하기 위해서 임원과 종업원들의 가치관을 새롭게 하고 함께 동반자가 되어 손님들에게 가장 좋은 품질을 제공하기 위해 힘씁니다. 우리 스타벅스는 하루에 20시간씩 문을 열고 있으며 한번 들른 손님들은 평균 한 달에 18~20번 정도 다시 찾아오고 있습니다."

커피 한 잔으로도 이 정도의 매력을 발산할 수 있는데, 죽어가는 영혼을 살리는 복음을 가진 우리는 너무 무력하고 매력이 없는 것 같습니다. 지금 우리는 다시 한 번 심각하게 "왜 우리 교회가 존재해야 하는가?"라고 질문해야 합니다. "왜 사람들이 교회에 오지 않을까?"라는 문제를 떠올리며 창조적인 고민을 계속해야 합니다. 교역자들과 평신도들이 은사대로 팀워크를 이루어 누구든지 한번 방문하면 또 오고 싶은 교회로 탈바꿈시켜야 합니다. 스타벅스가 고객에게 매력을 끼치는 것과는 비교도 안 될 정도로 매혹적인 교회가 되어야 합니다. 한국교회가 세계 어디에 내놓아도 영혼 구원에 대한 열정이 결코 부족하지 않는 곳으로 회복되어야 합니다.

안식년을 마치고 사역 2기에 접어든 후 저의 최대 관심은 불신자들이 예수 믿는 일과 초신자들이 교회에 잘 정착하는 것이었습니다. 우리 교회의 주인이 주님이시고 교회가 그리스도의 몸이라면, 교회는 믿는 자든 믿지 않는 자든 상관없이 다른 곳에서는 결코 찾을 수 없는 그 무엇을 공급해주어야 한다고 믿습니다. 또한 교회가 새로운 영향력과 감동을 끼치지 못하면 살아남을 수 없다는 위기의식과 소명감을 피부로 느낍니다.

목회자도 인간인지라 목회가 어느 정도 궤도에 올라가면 정체 현상에 빠지기 쉽습니다. 70대가 되어서 그렇다면 이해할 수 있지만 40~50대의 목회자가 벌써부터 '편안히, 기분 좋게 죽을 수 있는 교회'Frog in the Kettle를 섬긴다는 것은 가슴을 칠 일입니다. 아직까지 40~50대의 목사님들은 세계 교회를 향하여 '소리'를 발해야 할 때요, 복음을 위해 '사건'을 일으켜야 할 사명을 가지고 있습니다. 목회자가 주님 나라 확장을 위해 제대로 땀을 흘리려면 영혼 구원 사역에 관한 거룩한 고민의 짐을 계속 져야 합니다.

그러면 어떻게 불신자들에게 매력 있는 교회가 될 수 있겠습니까? 불신자들이나 초신자들에게 매력 있는 교회가 되기 위해서 깨닫고 시행해야 할 몇 가지를 제안해보겠습니다.

교회의 프로그램마다
감동을 불어넣으라

현대 교회의 추세 중 하나는 교회를 쇼핑하는 사람들의 수가 크게 늘어난 것입니다. 수도권의 신도시들을 떠올리면 이해가 쉬울 것입니다. 이제 지역이나 교단에 얽매이기보다는 프로그램의 질이나 수준에 더 큰 영향을 받고 있는 것 같습니다. 자녀들이나 청소년들을 위한 좋은 프로그램을 찾아서 철새처럼 이동하는 성도들을 많이 볼 수 있습니다. 또 좋은 설교, 멋있는 프로그램, 감동을 주는 음악, 찬양의 열기, 균형 잡힌 신학적인 입장 등이 회중을 끄는 중요한 요인으로 작용하고 있습니다. "왜 이렇게 내 목회의 순수성을 몰라주고 성도들이 타락했느냐?"라며 억울해(?)하지 말고 그들이 교회에 발을 디딜 수 있도록 먼저 매력 있는 교회가 되어야 합니다.

텔레비전의 상업방송과 현대 광고 기법에 물든 청중들에게 감동을 주지 못하는 프로그램만 고집하다가는 교회 문을 닫아야 할 것입니다. 영혼들이 와야 복음을 전할 것이 아니겠습니까? "와서 보라"가 통하는 시대는 지나가고 있습니다. 영감 있는 프로그램을 가지고 삶의 현장에 찾아가지 않으면 안 되는 시대가 되었습니다.

프로그램에 대한 개념을
확장시키라

프로그램 개념의 확장이란, 예를 들어 고등학생들만을 위한 프로그

265

램을 실시하는 것보다는 십대를 포함한 가정을 대상으로 사역을 진행하는 것입니다. 교회에 나오는 중고등학생들만을 위한 부교역자보다는 예배에 참석하지 않는 십대를 위한 청소년 전도자를 키워야 청소년 사역이 확장될 수 있습니다.

단순히 유치부 어린이들을 위한 사역이 아니라 어린 자녀를 둔 부모들을 위한 주일학교가 되어야 합니다. 주일의 유치부 진행이 핵심이 아니라 첫 아기를 가진 예비 엄마들을 위한 운동 클래스, 주중 성경공부, 젊은부부 찬양대, 신혼부부 주일학교, 어린이 개발센터, 학부형 모임의 활성화를 통한 양육 및 어린 자녀를 둔 부모를 위한 세미나 등 사역의 장을 넓혀야 할 것입니다. 제가 경험하기로는 프로그램에 대한 개념이 포괄적이면 포괄적일수록 초신자들이 적응하기가 더 쉽고, 그 결과 소속감이 강해지는 것을 볼 수 있었습니다.

예배 스케줄을
재평가하라

가능하다면 예배에 다양한 선택의 폭이 주어져야 합니다. 개인적인 경험과 임상적 통계를 볼 때 주일 낮 예배를 한 번만 드리는 교회가 예배를 두 번으로 늘렸을 때 출석률이 20퍼센트 정도 증가합니다. 똑같은 스타일의 예배를 두 번 드리라는 것이 아닙니다. 예를 들어 좀 더 가족적인 분위기의 예배, 찬양에 시간을 많이 할애한 예배, 전통적인 예배, 웅장함이 있는 예배 등으로 다양하게 구성할 수 있습니다.

예배 시간, 특별 음악 프로그램, 회중의 수, 회중의 신앙 경력, 교단적인 전통, 세대 차이, 음악에 대한 선호도, 예배 강조점 등이 다양할수록 예배 선택의 효과가 큽니다. 또한 전통적인 예배와 현대 감각을 살린 예배, 성찬식을 자주 하는 예배, 불신자 초청을 하는 예배와 그렇지 않은 예배의 차이도 고려해볼 수 있습니다.

예배 시간에 대해서도 생각해봐야 하는데, 전통적인 한국교회는 11시 예배가 필수처럼 되어 있습니다. 그러나 1980년대 이후 아침을 집에서 안 먹는 젊은 부부들이 늘어나는 추세를 고려하여, 주일 아침 식사를 간단히 제공하는 것도 한 가지 방법일 수 있습니다.

출석률이 높은 교회의 공통적인 특징이 있는데, 성도들이 교회에 오면 될 수 있는 한 오래 머무르고 싶어 하는 것입니다. 예배를 마친 다음 15분 이내에 썰렁하게 다 빠져나가는 교회에는 희망이 없습니다. 적어도 예배 후 30분간은 교제도 하고 기도도 하며 성도 간에 사랑을 나누어야 소망이 있는 교회입니다.

설교도 재평가되어야 한다

신학적이거나 교단적인 이야기보다는, 예배를 경험하고 느끼게 해야 합니다. 초대교회의 강점은, 기독교 신앙이 좌절하고 실패한 자에게는 소망을 심어주고, 그 소망을 확신한 사람들이 또 다른 사람들을 끌어들인다는 것이었습니다.

요즘 미국의 복음적인 교회들에게서 공통점을 찾을 수 있습니다. 6~7주에 걸쳐 시리즈 설교를 함으로써 강단의 박진감을 유지하는 것입니다. 저도 부교역자들과 함께 심방 혹은 제자훈련을 하면서 살아 있는 예화를 얻고자 함께 의논하고 고민하는 시간을 규칙적으로 갖고 있습니다. 담임목사 한 사람의 삶의 폭을 10여 명이 넘는 부교역자들과 비교할 수는 없을 것입니다. 더욱이 목회의 짐 때문에 심방을 제대로 할 수 없는 담임목사라면 성도들의 삶의 현장에서 들려오는 목소리를 수용하기 위해서라도 부교역자들이 함께 예화를 위한 평가 시간을 갖는 것이 유익합니다.

중보기도에 비중을 두면
사람들이 몰려온다

시사 주간지 〈타임즈〉가 중보기도와 치유 효과의 함수 관계에 대해 불신자의 입장에서 굉장한 관심을 갖고 심도 있게 다룬 적이 있습니다. 특별히 다음과 같은 중보기도 사역이 가능합니다. 교회에는 예배 시간보다 일찍 와서 기도로 준비하는 성도들이 있게 마련입니다. 그러면 목회자가 예배가 시작되기 전 20~30분 동안 회중석을 다니면서 성도들의 직업 문제나 염려, 개인 기도제목을 듣고 함께 손을 잡고 기도하는 것입니다. 이렇게 3~4명만 기도해주어도 교회 안에서 중보기도의 은혜가 끊이지 않게 됩니다.

예배를 마치고 부교역자들과 함께 기도해도 좋습니다. 또한 예배당 곳곳에 기도함을 만들어두고 성도들이 들어오면서 기도제목을 적은 용지를 넣으면 안내자가 그 기도제목을 모아다가 사회를 맡은 목회자에게 전달하여 중보기도를 하게 하는 것도 좋은 방법입니다.

긴급 요청 기도제목이 있으면 별도의 양식에 적은 뒤 헌금함 안에 넣고 헌금 위원이 정리해서 목회자와 함께 기도할 수 있게 하는 것도 좋습니다.

담임목사에게 성도들의 끊임없는 기도의 후원만큼 용기를 얻게 하는 것도 없습니다. 특별히 목회자만 중보기도 사역을 하는 것이 아니라 훈련받은 평신도들이 이 사역에 참여하는 것도 복된 일입니다. 또한 교회를 잠시 떠나 있는 대학생, 유학생, 선교사 들에게 중보기도 카드를 보내주고 개인적인 관심을 기울일 때 그들이 교회를 떠났다가도 다시 돌아오는 것을 보게 됩니다.

지역 내에서 교회의 이미지가
늘 신선하게 유지되도록
관심을 가져야 한다

우리는 이미지를 중시하는 시대에 살고 있습니다. 이는 오늘날의 광고 제작 기법이 이미지로 사람의 관심을 끌어당기는 데 초점을 맞추고 있는 것만 봐도 알 수 있습니다. 저도 초기 개척 시절에 교회의 이름이 갖는 이미지, 담임목사의 이미지, 교회가 위치한 지역의 이미지, 함께 시작한 교회 성도들의 이미지가 서로 맞아떨어졌으면 좋겠다고 기도한 적이 있습니다.

교회의 이미지를 쇄신할 수 있는 방법은 훌륭한 설교 능력과 동시에 사랑과 정열이 있는 목회자상, 예수님의 사랑의 계명을 실천하는 성도상, 좋은 프로그램을 제공하는 교회상, 선교와 전도, 구제에 큰 비중을 두고 있는 교회상 등을 뚜렷이 하는 데 있습니다.

교회의 이름도 너무 복잡하지 않고, 쓰기 쉽고, 발음하기 쉽고, 매력적이며 호소력이 있어야 합니다. 무엇보다 불신자와 초신자들에게 거부감 없이 다가갈 수 있는지를 고려하며 언제나 그들의 입장에서 생각해야 합니다.

교회의 로고나 심볼 등을 잘 만들어서 그 이미지가 사람들의 뇌리에 또렷이 자리 잡게 하는 것도 좋습니다. 교회 안에 홍보위원회를 구성하여 우편, 전화, 라디오, 전단 매체들을 사용하는 것도 훌륭한 방법입니다. 한 영혼이라도 더 구원하겠다는 열정으로 이 모든 일을 진행한다면, '교회가 기업에서 쓰는 방법을 동원해도 되는가?'라는 반문을 충분히 극복할 수 있습니다.

사람들은 남이 나에게 바라는 기대치에 따라 행동하게 되어 있습니다. 성도들이 높은 기대와 수준을 갖고 교회를 섬기도록 해야 합니다. 예수님은 평범한 어부들에게 지극히 큰 기대감을 보여주셨습니다. 그들에게 세상의 빛이요 소금이라고 하시며 모든 민족을 제자로 삼으라는 엄청난 사명을 주시지 않았습니까? 기독교는 기대가 넘치는 종교입니다. 복음이 이 땅에 전해진 후 1980년대까지는 참으로 높은 기대와 소망을 가졌으나, 점점 그 기대감이 쇠하고 있습니다. 이제 섬김을 통해서 교회의 매력과 기대감이 회복되어야 할 것입니다.

여름철 슬럼프를
이겨내라

오늘날 교회에 나타나는 두드러진 현상 중 하나는, 여름휴가로 인해서 예배에 참석하는 성도의 수가 현저히 줄어드는 것입니다. 여름철이니 당연히 그럴 수밖에 없다고 여긴다면 그 기대(?)에 따라 여름철의 예배가 시들해질 수밖에 없습니다. 여름철의 슬럼프를 극복하기 위해 여름 내내 사역의 긴장을 늦추지 마십시오. 예배 때마다 더 수준 있는 음악팀이나 찬양대를 세워보십시오. 여름 한두 주일 외에 설교자는 강단을 비우지 마십시오. 매주 특별 프로그램을 계획하십시오. 또 이런 계획들을 성도들에게 반복해서 알리십시오.

제 경험으로는 여름철이 교회 쇼핑의 절정을 이루는 계절이 아닐까 합니다. 이는 기성 신자들이나 불신자들 모두에게 해당되는 사실입니다. 왜냐하면 사람들의 대이동이 시작되기 때문입니다. 그들이 여름철이라는 습관의 노예가 되지 않고, 교회에 발을 내디딜 수 있도록 매력 있는 교회로 탈바꿈해야 합니다.

바라기는 한국교회가 다시 한 번 한 영혼 한 영혼을 뜨겁게 사랑하는 마음으로 믿지 않는 사람들에게 접근하여 그들을 교회로 끌어들이며, 그들이 교회생활의 감격을 맛볼 수 있도록 창조적이고 영적인 흡인력을 발휘했으면 합니다.

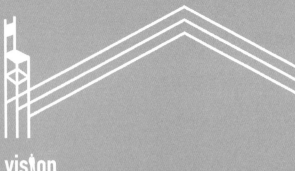

vision maker

하나님의 시간표는 빠르고 늦는 법이 없이
언제나 정확합니다.
하나님이 꿈을 이루시는 방법은
꼭 폴라로이드 카메라로 사진을 찍는 것과 같아서,
처음 찍고 난 뒤에는 희미하게 보이지만
서서히 시간이 지남에 따라 명확한 모습을 드러냅니다.